爱与尊重：与孩子共同成长

创造快乐
原生家庭

［意］阿尔贝托·佩莱 ［意］芭芭拉·坦博里尼 著
（Alberto Pellai） （Barbara Tamborini）

赵向扬 译 陈 英 校订

中国科学技术出版社
·北 京·

图书在版编目（CIP）数据

创造快乐原生家庭 /（意）阿尔贝托·佩莱，
（意）芭芭拉·坦博里尼著；赵向扬译 . -- 北京：中国
科学技术出版社，2022.3
（爱与尊重：与孩子共同成长）
ISBN 978-7-5046-9264-1

Ⅰ.①创… Ⅱ.①阿… ②芭… ③赵… Ⅲ.①家庭教
育—儿童教育 Ⅳ.①G781

中国版本图书馆 CIP 数据核字（2021）第 208236 号

著作权登记号：01-2021-0166

World copyright © 2018 DeA Planeta Libri S.r.l.,
www.deaplanetalibri.it
IL METODO FAMIGLIA FELICE
本书中文版由 DeA Planeta Libri S.r.l., 授权中国科学技术出版社出版。未经出版者
书面许可，不得以任何方式复制或抄袭或节录本书内容。

策划编辑	符晓静	
责任编辑	符晓静　肖　静	
正文设计	中文天地	
封面设计	北京中科星河文化传媒有限公司	
责任校对	吕传新	
责任印制	徐　飞	

出　　版	中国科学技术出版社
发　　行	中国科学技术出版社有限公司发行部
地　　址	北京市海淀区中关村南大街 16 号
邮　　编	100081
发行电话	010-62173865
传　　真	010-62173081
网　　址	http://www.cspbooks.com.cn

开　　本	880mm×1230mm　1/32
字　　数	175 千字
印　　张	8.75
版　　次	2022 年 3 月第 1 版
印　　次	2022 年 3 月第 1 次印刷
印　　刷	北京荣泰印刷有限公司
书　　号	ISBN 978-7-5046-9264-1 / G·920
定　　价	69.00 元

亲爱的读者：

我们不知道这本书怎么来到了你的家中。也许是在书店买的，因为你们已经受够了用餐时全家人都盯着电视、一声不吭的生活；或者是长辈送的，还说在他们家，大家总是一起玩游戏，"完全不像在你们这儿"；又或者是圣诞老人忽然"灵光一现"，把这本书送给了你们。

可具体是因为什么，谁又知道呢？但可以肯定的是，这本书现在就在你们手中，而且一开始阅读就不许停下来！你们还记得社交网站上的那些垃圾信息吗？"看完转发给五位朋友，否则……"要是你们合上这本书，后果可要比这些短信说的严重得多，因为这等于放弃了提高"家庭自尊等级"的机会！换句话说，就是放弃了使一家人变得幸福的机会！

好了，不开玩笑了，现在让我们切入正题吧。

不管是对家长还是孩子，家庭都是提高每个人"自尊等级"

的绝佳场所。家庭环境由习惯、用语、潜意识行为，以及独特的生活惯例组成，是每位家庭成员得以成长、增进亲情的共同生活环境，而家庭环境恰恰由"家庭自尊等级"所决定。因此，确保每位家庭成员都有不错的"自尊等级"，是让家庭变得幸福的基本前提。幸福家庭并不会一直都充满着欢笑，也不会什么矛盾都没有，也许情况还会恰恰相反。一个幸福的家庭，意味着其家庭成员能用充满教育性的对策，随时应对生活中遇到的难题，同时清楚地知道自己及其他家庭成员的强项，也能坦然接受自身的弱点与脆弱。我们越了解自己，就越清楚该如何成长，也会过得越来越开心，家庭也能越来越有凝聚力。总的来说，一个幸福的家庭，就是了解自身、有计划、有方向、不会对教育方式临时起意、能够一起将人生中最重要的时刻利用起来，共同提高自身"做事"，特别是"做人"能力的成长环境。

在本书的第一部分，你们将会发现很多有趣的点，以了解你们的"家庭自尊等级"，其中包括：你们属于哪一类家庭？你们的强项有哪些？你们的弱项和弱点又是什么？此外，我们还会指出家庭自尊中最重要的方面，并基于家庭成员的具体行为对其进行分析。如此一来，你们将会以一种全新、自知的方式，更加清楚地意识到全家人心理间的细微联系。

进入本书的第二部分，家庭自尊等级提升之旅也正式启程。我们为此准备了六个章节，每个章节都需要全家人共同参与，而参与的方式只有一个，那就是亲子游戏！没错，提高个人及家庭自尊等级的方法，就是全家人一起做游戏。在此部分的六个章节中，我们根据心理学家布鲁斯·布拉肯提出的"家庭自尊的六个维度"（见第24~25页），分别分析了评估测试中最重要的六个方面。因此每一位家庭成员在游戏时，都会被问到以下六个问题：

- 除了家人，与生活中其他人的关系怎么样？
- 怎么看待学业以及工作上的成就？
- 与家人的关系怎么样？
- 能在多大程度上识别、调节和表达自己的情绪？
- 日常生活中，在哪些情况下会认为自己很重要并发挥了积极作用？
- 能在多大程度上接受自己并对个人形象感到满足？

每个章节的开头，都有一个典型的小故事，以及一段关于该章节主题，也即待提高"评估维度"的简短说明。

接着便会出现两个不同的情景对话，在其中一个情景中，父母选择了与孩子交谈，提高了自尊等级，而在另一个情景中，父母选择了训斥，一些话脱口而出，而且没有考虑这些话会对孩子造成什么影响。

在这之后，我们还为各位准备了评估测验，大人和小孩都能做这些测验，并能通过做我们推荐的亲子游戏，最大限度地帮助大家了解我们所探讨的主题。测验的问题都很简单，会让你们相互讨论，谈谈在某一方面，对自己和对他人的一些

看法。

紧接测验章节的便是富有趣味性与创造性的亲子游戏。想让一家人的午餐或晚餐时间变得更有意义？有些游戏简直就是不二之选，连上菜间隙都能利用上，毕竟食物并不是家人营养的唯一来源。也有其他适合空闲时做的游戏，但这闲暇的时间变得越来越珍贵。也正因如此，家里的每个人都应珍惜宝贵的空闲时间，用以培养自己的兴趣爱好。但在这里，我们还是想向各位提出一些能够和家人聚在一起，哪怕只有一会儿的方法，或者是挤出一些"家庭空闲时间"，需要一家人一同完成的难题与挑战，在"家庭空闲时间"中，每个人都能投入游戏中，建立与家人的联系。最后还有非常适合在夜晚卧室内做的睡前小游戏，能让父母与孩子在亲密的氛围中，通过充满爱意的肢体语言，拉近彼此的距离，相互讲述自己的一天。

不管你们家中有多少人，这本书适用于所有类型的家庭，但至少得有两人，即一个孩子与一个每天照顾他的人。作为大人，我们总是有很多不做游戏的借口，比如有工作、要洗碗、要打扫杂乱的房间，不然这些事情就没人做……的确，大人要做的事情非常多，但要是与和全家人一起度过一段愉快的时光比起来，就会显得没那么重要了。一家人共同做些有意义的事情，能够加深彼此之间的联系。你们应该组成一个小队，时刻凝聚在一起，以此面对生活中的种种挑战。那就让我们撸起袖子开始阅读，这将会是一段精彩的享受。

　　本书专为 4~16 岁孩子的父母编写。有一些父母，特别是有多个孩子的父母，经常在孩子的各个年龄段，遇到各种令人头疼的育儿难题。比如说，家里最小的孩子刚上幼儿园需要人哄，老大却整天沉迷于电子游戏需要沟通。尽管每个家庭的情况有所不同，但教育孩子的方式也有可能会如出一辙，并能从其原理中获得启发。所以我们想在此为各位提供孩子各个年龄段都能用到的一些教育方式。书中推荐的亲子游戏、要做的测验，以及推荐观看的电影，都是为了引发不同年龄段孩子的兴趣。除此之外，我们还特地标注了每个建议的适龄范围，因此各位可以根据每名家庭成员的需求，选择最合适的游戏。

　　在此我还得说明重要的一点，要是你们属于离异家庭，可能对本文中反复出现的"家庭"这个词，理解起来有些困难。但没有关系，本书也是为你们而写的，希望能帮助你们度过这一特殊的时刻。尽管你们和当初的伴侣没有了感情上的往来，但依然是孩子的父母，这对你们两人来说，都是一种独特的育儿之道。而且对孩子来说，尽管单独跟着妈妈或爸爸时，玩游戏的方式不一样，但都能在每天吃饭时和睡觉前，玩到相同的亲子游戏，保持着一样的惯例，这就能给予他们美好与安全感。所以即使对于离异家庭来说，站在同一角度看待书中分析的"家庭自尊的六个基本维度"，也是非常重要的。因此，我们希望这本书，也能为即使不再同住一个屋檐下的家庭带来帮助，并为离异双方提供为人父母与孩子相处的新方式。

引言到这里就结束了，现在就让我们了解一下，到底什么是家庭自尊吧。

芭芭拉·坦博里尼　阿尔贝托·佩莱

目 录
CONTENTS

第一部分

家庭自尊

家庭自尊是什么？如何提高？

LOVE and RESPECT

第一次游泳课

那天下午我真的不想去上游泳课。其实我一直以来都很怕水，在海边时也是，下水之前我要么会戴上手臂浮环，要么就套一个救生圈。而且只有当爸爸妈妈陪着我时，我才敢下水去。所以当妈妈建议我报一个游泳班时，我心里一千个不愿意。那时我还是一个8岁的小女孩，我得到的回答是，"你不能以后每次下水都戴着手臂浮环和救生圈吧？其他孩子会一直笑话你的！"尽管我还是不乐意，但也正是她这句话让我接受了她的提议。事实上，去年夏天在海边时，就有很多孩子笑话我说，"你可真像只小肥鹅""裹得像个宇航员似的"……我身上戴着充满气的浮环和救生圈，站在我那群一个都不怕水（我再重复一遍，他们一个都不怕水），并且都会游泳的朋友之间，格外引人注目。

但说起来容易做起来难，两者间就像隔着一片海，对怕水的我来说，就更难了。就这样，我同意了报班学游泳的事，但后来就没再去想了，直到开课的当天下午。那天下午应该是讲完理论后，就会直接下水练习。从学校回家的路上，我告诉妈妈我今天肚子很不舒服，但她不吃这一套。回到家后，她将我的泳衣装进运动手提包，然后紧紧抓住我的手，把我带到了游泳馆。我非常紧张，因为我不知道跟我一个班的同学怎么样，

更不知道我们的女教练怎么样。没错，在我的幻想中，我理所当然地觉得游泳课的教练都是女教练。

然而我还在更衣室换泳衣时，就听到了其他女孩子在议论着什么，她们刚刚上完了新教练的课，教练是男的，她们正说着教练的坏话——"没去年的好""这教练真的坏透了"……听到这段对话，我有一些恍惚，当时我不知道自己是怎么了，但从接下来发生的事来看，我应该是陷入了一种极度恐惧之中，最后我还是去到了泳池边。可还没开始上课，我就哭了出来。我哭得越凶，周围的其他孩子也就跟着我哭。我是班上最大的孩子，我应当做好榜样，但恐惧彻底将我吞噬，我没办法做出别人所期待的表率。

男教练看着眼前这堆鼻涕虫很不耐烦，就气冲冲地决定，要按他自己的方式让我们跳进水去——教练抓住班里一个小男孩的胳膊，接着直接把他扔进了泳池。然后又以同样的方式扔了两个孩子进去，因为他俩被之前那幕吓得一动不动，叫他们跳下去时也不敢跳。当同样的命运快要降临到我的头上时，我瞬间做出一个决定——逃跑！我，一个8岁的小女孩，哭喊着，光着脚丫，想尽可能逃离那个深蓝色的泳池，因为在那旁边有一个粗鲁的教练，他想直接用蛮力把我扔进去！我朝着妈妈的方向跑去，因为我觉得她会帮助我。我逃跑的目的地只有一个，那就是妈妈的臂弯，她会抱住我，保护我，而我要做的就只是奋力奔跑，去她的身边。

然而，随后我却迎来了我童年中印象最深的噩梦之一——

妈妈表现得异常尴尬，她的眼神和在场的其他父母一样，都觉得我在无理取闹！当我逃到她的身边，她只说了一句："知不知道你这样让我很没面子？"接着她牢牢抓住我的手，把我拖回了游泳教练那儿，还对教练说道："请您不要介意啊，我也不知道我女儿今天怎么了，以前都不是这样的。"那一刻，我放弃了所有抵抗，我的妈妈应该要保护我才对，但她却亲自把我送回了狼窝，而且还向教练道歉，希望他不要计较。而且她也看到了教练的所作所为，知道那个教练怎么对待学生，我妈妈真的很不在乎我的感受。

最后，我也被扔进了泳池中。

在那之后，每次要去游泳馆上课时，我都不会再"无理取闹"了。但长大成人后，也不知道是出于害怕还是厌恶，每次一看到满池子水的泳池，我就会觉得胸闷气短。我无数次回忆起那天下午妈妈说的那番话，"你知不知道你这样会让别人怎么想我？"这句话让我产生了羞耻感，这才是伤我伤得最深的，就好像当时我不应该害怕，不应该逃走，我确实在无理取闹。我妈妈当然没有意识到那天下午她给我留下了多大心理创伤，我也一直没有勇气向她提这件事。但我想在此对所有的父母说一句，请你们千万不要对无助的孩子做出类似的事情，不管是出于什么原因，都不行！不要忽视孩子的求助，因为这会使他们在别的家长和孩子面前，感到强烈的羞耻。在这个世界上，父母是孩子最爱的人，当他们想从你们那儿得到理解与安慰时，请不要这样对待他们。

你说的是"自尊心"吗？

你们读了刚才的故事，一定会想起很多类似的事情。在我们记忆的碎片中，总会有我们的父母，即使是出于爱我们，为了我们好的目的，在我们的心灵深处留下深深的印记（通常来说会是一道疤）。父母往往会很快忘记这些事情，但这些事情却会深刻地留在孩子的心里，成为不可磨灭的记忆。在刚才的故事中，主人公长大后站在泳池旁感受到的慌乱与轻度焦虑，很有可能就是因为，多年前的那个下午，母亲让她感到孤立无援，对发生的事情无能为力，给她留下的一道心理阴影。

作为父母，帮助孩子成长其实并不简单。以前的家长都靠直觉教育孩子，通常也很有效果，但这样，家长有时就会做出错误的决定。在我们每个成人心中，都有我们的长辈在心中留下的几道"心灵创伤"。

随着时间的流逝，很多事物都发生了变化，如教育方式和成长心理学①，父母变得越来越开明，再加上教育观点和原理的革新，以前的部分错误教育理念被推翻，使父母与孩子间的关系越发融洽。说到错误的教育理念，人们就会想到体罚，曾经，不管是在家里还是在学校，都会被用来教育孩子，废除体罚还

---

① 成长心理学，即儿童 18 岁成年前的心理学。——译者注

一度成为公益广告的主题，最后就差不多完全禁止了这种教育方式。而说到革新，就不得不说神经科学领域，它为了解成人与儿童的心理，做出了杰出贡献。神经学家基于生理学与其运作机制，提供了很多研究数据，这些数据让我们深入了解了人类控制自身情绪、获取认知，以及社交能力的过程。随后你们还会发现，这些研究让教育专家受到启发，影响了他们提出的教育理论、育儿建议及教育方案。

所以今天，我们才能基于科学数据、全新知识以及实验模型，制定我们的教育方案。当然，无论怎么说，这也是基于一种浓厚的爱，是它将我们与孩子联系在一起；这还基于一个美好的愿望，那就是希望我们能在孩子成长的道路上，给予他们最好的帮助。这也是为什么我们决定用一本书，重点讲述如何提高自尊等级这一教育方法的原因，因为自尊对我们每个人的人生有着重大作用，特别是对于处在不同成长阶段的孩子来说。

如果你们仔细思考，会发现"自尊等级"这个说法，在教育讨论以及心理教育学的思辨领域中还比较陌生。例如，你们偶然跟父辈或祖辈问起这个词，会发现，他们中的大多数可能会有一点熟悉，或完全就没听说过。但不难会听到长辈反问道："这是什么意思呢？"又或者评论说："我们那时候可没这么多讲究，不是也把你养大了。"比如，对我爷爷来说，7岁就能骑自行车，每天早上骑五六千米自行车去上学，是一件理所当然的事情。但时代在变化，教育出现了新的难题，我们也要用新方式去解决它。

的确，时至今日，一个孩子也能在完全不接触"自尊等级"的情况下成长，但本书的导向却与这种方式完全相反。我们自己也有孩子，站在父母的角度说，假设按照书中的教育方式，那么我们的目标就是加深与孩子间的关系，并提高孩子的自尊等级，这样一来，孩子就能在将来展现出比较高的心理承受力和社交能力，应对各种危机与困难，并拥有一个满意的人生。换句话说，当一个人的自尊等级提升到一定程度时，他就能更加了解自己的为人、脾气，了解自己的精神世界，同时还能与其他人建立起高效的社会关系。总的来说，自尊的等级越高，就能让我们同时具备越高的情商，也就是说，不管是基于良好的自我情智（即了解自己），还是交际情智（即了解他人）[①]，都更能具备理解、管理自己，以及调节他人情绪的能力。

家庭自尊等级

首先要弄清楚的是，当我们说到"自尊"时，我们说的是什么？对此，我们能给出的最好的定义就是：每个人对自身的一种判断，这不仅是一个人对自己的塑造，也由与"重要的人"（比如父母、老师、朋友、亲戚和熟人）的相处交流打造，以及

---

① 专业术语"情绪智力"，普作"情商"，其"自我情商"与"交际情商"是心理学家丹尼尔·戈尔曼和霍华德·加德纳，基于心理模型的研究提出的两个专业术语。

由自己看待他们的方式所决定。

如果对自己的判断越符合你最想成为的人，那你的自尊等级就越高。但对自己的期望也要符合现实才行。要是你不喜欢镜子中的自己，只是因为不能像超人或神奇女侠一样，没有他们的超能力，那很明显，问题不在自尊的等级上，而是出在你对自己的看法、期望，信念的塑造方式，以及自己的人生目标上。

但本书的主题是另外一个问题，即"家庭自尊"，迄今为止，都没有人提出过这个概念。现在有很多能测试个体自尊等级的测验，并能给出其性格和品质上的定义。但我们想借这本书，从更宽的领域和人际关系的角度，重新诠释心理评估的概念——因此我们提出了"家庭自尊等级"。

让我们好好想一下，家庭环境塑造了我们的为人，换句话说，决定了我们的自尊等级。而在这个环境中，对我们影响最深的就是与家人间的关系，这层关系塑造、培养了我们对生活的态度，以及看待自我和他人的方式。因此，要想获得这类品质，这不仅要靠孩子的个人能力，也要靠家庭后天的培养，因为这种品质诞生于家庭环境之中，同时在此成形、提高。换句话说，在同一个家庭中，其他家庭成员的自尊等级也可能会比较接近。如果父母能仔细地培养孩子的自尊等级，那就说明整个家庭都具有杰出的评估等级。

基于以上的原因，本书中并没有设置只供单人完成，且只针对一人的品格培养训练练习（市场上这类书多得很），而是为

全家人提供了一个具体的教育方案。我们的想法是，让父母在我们推荐的亲子游戏和互动中，能够注意到某些特定的教育方面，并能提升全家人的自尊等级。如果一个人拥有不错的自尊等级很重要，那么提高整个家庭的自信等级，将会带来无穷无尽的好处。因为每位家庭成员不仅能随时发挥自己的长处，解决问题，还能懂得依赖亲近的人，明白自己能在他们身上获得什么帮助。

好的开始是什么？

每个人对自我的认识，从很早就开始形成，它决定了孩童时期对待生活、面对新事物，以及认识新朋友的态度与动力，因此有着举足轻重的地位。此外，它还能在学业、人际关系，以及一切成长期会涉及的领域中，发挥强有力的作用。

一个自我认识深刻，即自尊等级高的孩子，会对自己感到满意，能够分清自己的长处与短处，面对失败时不会轻易气馁，很快会重整旗鼓。然而，有些孩子在这方面就会有明显不足，在他们的成长环境中，充斥着父母不切实际的期望，以及由此带来的失败和羞耻感。所以与同龄人相比时，他们会一直觉得自己低人一等，或者完全不够资格，如此一来，这些孩子就会觉得，自己完全没有能力迎接生活的转折点。

在孩子的成长阶段中，有众多影响自尊等级的因素，譬如生理因素、教育因素、社交因素及文化因素。尽管他们的评估等级会随着时间或是所处环境的不同发生改变，但只要持续使用这本书，孩子依旧能获得相应的能力，并以一种出人意料的方式，决定以何种途径向塑造他的环境交出怎样的答卷。

先给我！

弗朗西斯科和妹妹坐在饭桌前，爸爸妈妈也在跟前。弗朗西斯科总是饿得很快，现在都前胸贴后背了，他满脑子想的都是第一个吃到刚出炉的千层面，这可是他的最爱。一到开饭时，就没什么能分他的心，菜一端上来，他就绝对不会错过。弗朗西斯科很爱吃东西，他不清楚为什么，其实他也不想知道为什么，现在事情就是这样。他一闻到味儿，就知道锅里煮的有什么，真的很难猜错。"先给我！"弗朗西斯科赶忙跑了过去，伸出手说道。

然后他得到的回答是："好好坐着，等会儿就轮到你了。"

"可我是第一个说的！"

"要吃饭的又不只是你一个人。你看妹妹多乖，我要先给她，然后再是你。"

"哎呀，什么都是她先！"

弗朗西斯科回到座位坐下，但他怎么坐得住，他才6岁，在他的字典里可没有"干等着"这个词。他盯上了面包篮，手里还捏着一瓶油。既然油都有了，那为什么不把盐也拿过来？

有了盐不就什么也不缺了吗？他蹭起身来想拿盐，但一不小心把手中的油瓶打翻了，里面的油马上流了出来，在桌布上渗开，留下了一大摊污渍。

"你就不能安分点，乖乖等着吗？"

"怎么总是这么淘气呢？"

"真是没救了！"

"你等一下吃就受不了是吗？你想吃成一头猪吗？"

"真是个讨厌鬼！"

如果发生类似的情况，作为家长的我们，还会对淘气的孩子说出哪些话呢？弗朗西斯科父母说过的话，会如何影响到他的自尊等级呢？在这本书中，我们将会找到想要的答案。

在此，我们想强调的是，孩子的自尊等级会受日常生活的影响，也会受我们对他们肯定程度的影响。所以明确对孩子的看法，客观地观察他们的长处与短处，好好回想一下孩子顽皮时我们的反应，也是一件非常重要的事。如果我们特别爱孩子，可能就不会因为他们做的事，或没能做成什么事，经常感到不满。通常来说，我们会对孩子的行为做出一些不经意的反应，比如我们会拒绝他们，有时还会对他们发脾气，或是贬低他们。这样的行为会加深成长期孩子的自卑心理。这就是我们身为家长，要弄明白如何与孩子相处的重要的原因，因为一个自信的孩子，更有可能获得幸福。

一个从小便能好好看待自我的少年，在经历成长过程中的

"风风雨雨"时，遇到的难题会更少，他也能更好地承受来自同龄人的压力，并不会为了能在圈子和朋友里显得更有分量、更有价值，而让自己做一些违法乱纪的事。

自尊的性格指标

如何判断孩子的自尊等级高不高？其中有多种不同的标准，所以很难详尽地一一列举出来。但在本节中，我们会为你们提供几个指标，帮助父母了解自己孩子的长处与短处。

孩子的长处有哪些，这取决于自他出生起父母的教育方式。

而那些可能被你们认为是短处的地方，就应该拿来好好思考一下。你们觉得，孩子天生的脾气改起来很难，还是说只要方法得当，就能改掉？这个问题的答案，就能帮助你们选出书中最合适的亲子游戏。同时你们也要思考一下，孩子的长处能怎样弥补他们可能存在的短处。

例如，有一个孩子很害羞，他的性格会给人这种感觉：让他对同龄人敞开心扉会很困难。但这类害羞的人通常会特别感性，而且懂得聆听、理解别人，这些都是他们的优点。也就是说，如果强迫他，让他走进一大群陌生孩子中间，让他去交朋友的话，也许会适得其反。因为在这种情况下，他害羞的性格会让他特别难受，并且会感到自卑，没有安全感。所以最好是让他一次和一两个小伙伴一起玩。如此一来，他很可能会自在许多，并且敞开心扉，展现出最好的自己。

打个比方，在海边玩时，害羞的孩子会很难加入其他小孩的游戏中。因为他一个也不认识，一切都那么陌生，或许还会害怕。所以就不如和另外有同龄小孩的家庭一起吃个饭，让两个孩子认识一下，交个朋友。有了新朋友的陪伴，或许他们也能互相鼓励，一起加入其他孩子的游戏里。

接下来我们会列举一些性格特点，或者说孩子表现出的东西，通过观察这些方面，你们就能更加清楚孩子的自尊等级。想象自己戴上了一副特别的"有色眼镜"，让你们注意到这些不同的方面。每看到一个性格指标，就联想一下孩子在这方面的表现，你们也能这样分析自己。然后再阅读我们提出的问题，根据你们所知道的、看到的孩子的那一方面，回答问题，接着就能对孩子在每个指标下的长处与短处，有个大致了解。

安全感

安全感，即指孩子不会对新事物感到害怕，当父母不在身边时，不会没有安全感。为了进一步了解孩子安全感的等级，请回答下列问题。

- 让他尝试新事物时，他会有何反应？
- 去幼儿园时是何反应？
- 升学时会做何反应？
- 如何面对一个全新的圈子？（比如加入了体育队，或某个社团）

- 要暂时离开你们时会有何反应？（比如假期送他到爷爷奶奶家，或去参加野营）

好好回忆一下，当你们建议孩子尝试新事物，尤其是当你们要和他们分开一段时间时他们的反应。每位父母的最终目的就是让孩子感受到浓浓的爱，让爱陪伴孩子探索一生。

归属感

归属感，即认为自己是某个集体的一部分，且集体中每个人的贡献都很重要，还能互相帮助。

- 他会对某些集体有一种明显、强烈的归属感吗？
- 他会在你们面前夸奖自己的同学、朋友及队友吗？
- 他觉得自己的老师（或教练等）喜欢他，认同他吗？
- 他和老师（或教练等）关系亲密吗？

你们的答案能让你们对孩子产生一种足够准确的认识，即在他这个阶段，对自己身处的集体有多少归属感。在成长的过程中，归属感也至关重要，应该要培养、加强孩子的归属感。

责任感

责任感，即在行动之前，清楚自己的行为会带来什么样的后果。也有结合自身能力，负责并好好完成一项任务的意思。

- 日常中，你们的孩子会承担起哪些或大或小的责任？

- 他会自己关心对他很重要的东西吗?
- 他能做到有始有终吗?
- 他会想着帮助家里人吗?

很多非常年幼的孩子可能就已经很有责任感了,但有些青少年却可能一点责任感也没有。父母应当帮助孩子,让他们承担起相应年龄段的责任,然后坚定地培养他们承担责任的能力。

信任

信任,即对自己和对别人的一种积极态度。产生于对别人的积极看法,使得孩子能够相信自己,以及相信他人的可能性。对自己的自信,以及对他人的信任能够让孩子时刻保持冷静。

- 他通常会相信别人吗?
- 遇到难题时,他会选择依靠你们的帮助走出困境吗?
- 当他很想要什么东西时,你会轻易地答应什么吗?

当孩子感到焦虑、悲伤和不知所措时,每次我们都能让他们感受到我们在身边,能够无条件地相信我们,这一点非常重要。对他们来说,父母应该相信他们的能力,还有他们所说的话,而不是对他们说"你还太小啦""你什么都做不了",更有甚者,"你怎么一点儿都不像你哥哥,像你堂兄也好呀,他们都比你强多了"。

自我效能

虽然这个词看起来比较复杂，但心理学家却对此非常熟悉，这其实也是一种重要的性格指标。自我效能的意思就是，知道自己做某件事的信念有多强。

● 有多少次，你们的孩子连做都还没做过，试都还没试过，就会说出那句经典台词"反正我知道我不行"？

● 当他不想参加什么游戏时，会说"我去了也没用啊，反正我肯定是最后一名"，或者其他类似的话吗？

● 他真的清楚自己会做哪些事吗？

● 当他决定参加一个活动时，会轻易泄气，还是会坚持到底呢？

在日常生活中，一个孩子应该明白自己能做到哪些事情，觉得自己有能力面对和克服困难，当然，这一切都要在自己的真实能力范围之内。

选择与决定的能力

看到孩子一直举棋不定，不知道该穿什么、吃什么，在超市该买什么，家长经常会有所抱怨。当然，在我们看来，作为旁观者来说，叫他们别淘气、别犯错就会方便很多，所以也能启发他们做出自己的决定。比如，尽管孩子求你时都急得跺脚了，但在天气炎热时，没有一个家长会让孩子穿着件户外防风衣在院子里玩。也不会在冬天的早上，只让他穿件短袖就出门。刚才说这些，意思是让孩子在日常的生活中自己做一些决定。

- 你们的孩子有没有面临多种选择的情况？
- 他能在多大程度上做出符合实际、可行性高的决定？
- 他会用什么方法做出选择？
- 当别人让他在不同选项中做出选择时，他会是什么样的表现？

让孩子参与一些和全家人相关的决定，这对他们很有用。这会让他们明白，并不是所有的决定都要满足自己的需求，也要意识到其他人，考虑到一些不可忽视的现实因素。而作为父母，有责任帮助孩子，让其慢慢具备做决定的能力。

自制与自律

自制力指的是理解一个规则或者禁令的能力。这不能做那不能做，总会让孩子难以理解，但要是能清楚其中的原因，就能让他慢慢懂得当中的含义，接着便会具备自我约束的能力，小时候能遵循家里的规定，长大后便会遵守社会的规则。

- 对于那些必须遵守的规定，他有哪些看法？
- 他的自制力怎么样？
- 当你们告诉他不能做某件事情时，他会有何反应？
- 你们会和孩子讨论多少家里执行那些规定的原因吗？

很明显，家里的规则都是父母定下的，但同时，让孩子知道为什么要这样规定，不遵守会有什么后果，这一点也十分重要。向孩子解释清楚，为什么存在这些规定、纪律和行为准则，会让他更乐于、更好地配合父母的建议，处理不同的情况。

接受自己的错误与失败

面对挑战，不管最后是成功还是失败，都是日常生活中的一部分。因此，不要因为孩子的失败就觉得他们一事无成。每个尝试新事物的人都不会一次性成功，这是一种人生经历，应该把它当作一种成长。

- 你们的孩子会如何面对自己的失败？
- 就拿考砸了来说，孩子会如何解释没考好的原因？他总是把错归咎到别人身上吗？（比如怪老师没教好，怪同学让他分心，怪考题太难，怪教练要求太多）或者他真的知道自己为什么在某一科很擅长，但在其他科会倒数第一的原因吗？
- 他所取得的成绩，会让他在擅长的领域帮助其他不擅长的人吗？

大人会因孩子做事进度慢，等太久而不耐烦，然后忍不住帮助孩子。其实，与其在大人的"操控"下，一次性取得完美的成功，不如让他们不停地尝试，直到能自己完成为止，这能

使孩子学到更多的东西。帮助孩子获得成功，也要帮助他们接受失败，让他们意识到自己的短处与薄弱的地方，这一点在提高自尊等级上尤其重要。

重要因素：亲子关系

在亲子互动中，做一些能让双方感到幸福与满足的事，这会提升孩子的自尊等级。同样地，就像站在一面镜子前，发现自己的爸爸妈妈也在身边，作为自己的后盾，能时刻给予帮助，这会让孩子感觉到幸福、爱意、安全和呵护。总之，这就像是一种助推剂，能提高他们的自尊水平，也能帮助涉世未深的他们有所成长。

那么，在亲子关系中，哪些是能将愉快的亲子互动转变为提高自尊等级的绝佳机会，并使其变得无可替代的因素呢?

相处时间

抽出时间陪伴孩子的大人，会给孩子一种最直观的感受，能证明他们的重要性与价值。另外，孩子也会意识到，亲子关系能够带来源源不断的满足与独一无二的幸福。

尤其对上班的父母来说，挤出一点与孩子相处的"高质量"时间，并不是一件容易的事，因为"高质量"并不意味着只是待在同一个房间里，而是需要彼此的心产生共鸣，相互注视着对方，相互关心。

如果父母能够在一天或是一周中，专为孩子抽出一些时间，一起做一些特别的、适合你们的亲子互动，那这个孩子的自尊水平会大大提高。没有什么能比父母给孩子读一篇超棒的故事，更能让孩子感到有趣、向往和满足了。陪孩子一起玩耍，是提高家庭关系质量的绝佳方式，因此我们想呼吁各位父母，就算之前没有做过类似的事情，就算以前同孩子一起玩耍时，有些无聊和不愉快的回忆，但依然要带着激情、耐心及热情与孩子一同玩耍。本书所推荐的游戏都很简单，也富有趣味性。你们同孩子玩的次数越多，也就会发现他们越期待，最后什么都不能让他们错过这个环节。这也是游戏环节变成家庭习惯，接着自然而然增进亲子关系的最直观的证据。千万不要忽视这个提议，因为事实上，孩子们很喜欢富有仪式感的环节，以及能持续得到心理满足的体验。

同理心

我们在书中推荐了很多亲子游戏，这能帮助你们和家人分享平时不知道怎么表达的问题，同时，能让全家人理解你们的生活，以及你们心里的感受。总而言之，会让每个人把心门打开，将平时藏在心里的事说出来，让家人也能体会到你们的感受，与你们心中那份私密且难以表述的感情产生共鸣。这一切都是为了培养你们的同理心，也就是理解他人的能力，尤其是在别人最危急、心情最复杂的时刻。换位思考是一种特别的能

力，这能让自己和别人都得到幸福，因此这也是计划中要加强的重要因素之一。

合作

很多我们做过的游戏、参加过的体育比赛，都是为了竞争，让我们将其他人视作要超越、要击败的对手。但一个团队为了获胜，就必须团结一心，所有成员也要相互帮助，尽自己的全力争取胜利。因此，一家人共同承担压力，做到互相帮忙，将全家当作一个整体也很重要。在提高自尊等级的过程中，合作是一个非常重要的方式，因为自尊等级其实只能在依靠他人，而并非与他人对立的情况下，才能得到提升。这也是书中的亲子互动游戏，很多都能加强团队精神，或者更恰当地说，加强家庭精神的原因（毕竟游戏的目的是提高家庭自尊等级）。通常，孩子不懂怎么寻求帮助，也不知道向谁寻求帮助，因此，游戏中的合作能够让他们重视与改进求助的方法，帮他们在身边找到可以互相帮助的人。要是你们家中的孩子不止一个，还能加强他们与同龄人的合作方式。对孩子来说，家庭就是一个典型的"小社会"，这里关系交错，家人彼此往来，还会遇到各种难题。让孩子觉得自己是大家庭的一员，会让每个孩子感到安心，有安全感，并能在生活中意识到，自己在家中并非一文不值（同样的事情也会发生在父母身上，他们能在孩子身上看到自己给予的爱和生命的意义）。除此之外，不容忽视的是，通过游戏，每个人都会增强对家庭的依赖感，并以知道自己的家族史为荣。

认识自我

通过书中的问答与亲子互动，每个参与的人都会接受考验，并能意识到自己每天的成长，再以此分析自己的长处与短处。知道自己擅长什么，自己的极限在哪里，能够帮助孩子全面地了解真实的自己，并能取得进步。提高对自己的了解程度，意味着也要看到自己的不足，接受自己的失利，认识到自己的极限和很多其他方面，继续成长。其实，我们用一句话就能概括，即"自知之明"，也就是审视自己的内心，接受自己全部的能力。每一个提高自尊等级的亲子游戏，都有一个共同的目标，那就是让你们更加了解彼此，加强你们之间的情感共鸣与亲子关系，让你们感到快乐。在所有提到的因素中，这是提高自尊等级中最重要的。爱之所以能改变一个人的一生，是因为爱让人感受到了关怀与归属。亲子关系就是基于爱。即使你们不再是夫妻，但永远是孩子的父母。每个孩子都需要充满关怀与爱的目光，然后才能学会以相同的目光，看待自己与他人。

自尊：六维一体

能够影响到自尊等级的个人和人际因素太多，所以我们决定基于"六个维度"模型，将其分为六类。这是由心理学家布鲁斯·布雷肯提出的心理模型，在人际关系和心理学领域中，被全世界的教育者和专家熟知。

布雷肯将自尊归纳为六个方面（或是六种体验区域），这六个方面，通过我们的自我认识与人际关系，变成了我们生活、情感以及行为方式的基石。

- 人际方面：除家人以外，我们与其他人的关系，特别是与同龄人的关系。

- 职业或学业方面：我们在工作或学业上的成就感。

- 家庭方面：每个人与父母和其他家人的关系。

- 情绪方面：意识、控制以及表达我们情绪的能力。

- 主角意识方面：认为我们是所处圈子中的主角，能扮演一个重要的角色。

- 身体方面：能接受并满足自己的容貌与身形。

根据主要作用的不同，我们将亲子游戏进行分类。在每个章节中，你们会读到对一个维度的描述，以及它对构建多维度模型还有自尊整体的重要性。因此，你们会知道它重要在哪里，以及如何通过书中的亲子互动，加强自尊的某一方面。此外，你们还会读到一些发生在家里的典型事件，尤其是两段家长与孩子间最具代表性的对话，一段会包含对自尊等级不利的因素，而另一段则是一个有利的正面例子。

第二部分

PART TWO

提高自尊等级

逐点提高的方式

开始前的几点说明

测 验

我们在每个章节中都设有一个小测验，这些测验能够帮助读者根据题目考察的内容，对自身情况有一个大致了解。虽然测验不具科学效力，却是一种了解自己内心、同家人交流的途径。编写测验时，我们借鉴了正规的自我心理评估测试，并对内容做了调整，以适用于所有家庭成员。因此，不管是父母还是孩子，都能进行测试。为此我们还简化了测验中的用语，以便孩子也能听懂题目。当然，当问题过于复杂，或孩子不会写字时，父母应帮助孩子理解题意，或帮他们写下答案。测验结束后，再根据孩子的得分，找到对应描述，帮助他们理解描述的内容。即便如此，孩子们还是有可能无法完成所有测验，因此要知道的前提是——测验并不是非做不可，每个人尽力而为即可。

在理想情况下，每位家庭成员需独自回答每个问题，再起讨论答案不同的地方，以及为何不同。完成测验后，将每个成员的得分相加，得到总分；也可以将总分除以参加测验的人数，得到平均分。

以下为测验步骤：

（1）选一个人大声朗读题目，然后每人根据自身情况，在"总是""经常""偶尔""从不"四个选项中选出最适合的选项。每个人可以把自己的答案写在纸上，待测验结束后，根据测验下方的分数表，标出每个选项对应的分数。

（2）计算出自己的总分。

（3）大家一起阅读每个分数对应的描述。

（4）最后根据自己的心理描述，一同讨论以下几个问题：

- 你觉得自己的描述准确吗？
- 你觉得家人的描述准确吗？
- 有没有一项描述引起了你的反思？
- 在家人的答案中，有什么地方打动了你？
- 你认为家庭关系会如何影响测验中所提到的这一方面呢？
- 你会对家人提出哪些建议呢？

互动游戏

在每个游戏环节，我们都标明了所需的时间、材料，以及其他有关信息，以供读者选择最合适的时间完成这个游戏。另外，我们还根据游戏在家庭关系中的作用，将其分为以下几类：

- **竞赛游戏：** 参与者相互竞争，最后的赢家可能是一个或几个。

● **合作游戏**：为了达成游戏目标，家庭成员之间必须相互合作。这类游戏中没有获胜者，只要所有人都参与进来，顺利完成游戏就是胜利。

● **交流游戏**：家庭成员互相倾诉自己的心事，但不局限于口头交流。

● **陪伴游戏**：首要目的是为家人制造温馨的时刻。

最后，我们在游戏介绍中，标注了一些特别适合单亲或再婚家庭的游戏，以便父母与孩子建立新的桥梁，避免纷争，找到一种相处的方式。

家庭电影

全家人聚在一起，在家里看上一部电影，这种时刻别提多棒了，不管是大人还是小孩，都会喜欢这样的感觉。当你们下班回家，一身疲惫，很难挤出精力陪孩子玩时，那看一部好电影，恰恰就能让全家人好好放松一下。而真正的难题就是找到一部全家人都感兴趣、都想看的电影。多年的经验告诉我们，最好是选择高质量的电影，这能培养孩子的品位与审美，让他们具备评价好坏的能力。儿童与青少年很喜欢电影中的用词，并为此着迷。当然，过度接触网络视频、电子游戏，以及电视

节目可能会是一把双刃剑，因为视频特效、快节奏剧情，以及观感强烈的画面，可能会影响到孩子的感官系统，降低孩子的专注力。换句话说，特效大片看多了不一定就是好事。而那些由优秀导演执导，富有意义的家庭电影，却可能提不起父母和孩子的兴趣。我们能适应生活中的任何事，当然也能很快习惯坐在一起看电影。如果仔细看动画电影的预告片就会发现，里面的背景音乐、音效还有特效，对年纪小的观众有着惊人的吸引力。主要的动画大厂都不愿意冒风险，他们想让观众一看到预告片就能被其吸引，然后毫不犹豫地去买票看他们的电影。但现实却是，特别惊艳的电影，不一定质量很好，电影中的故事也不一定就有教育意义。为此，我们大胆地在本书中，向你们推荐了一些具有教育意义的电影。

因此，在接下来的章节中，我们将推荐一些电影，这些电影我们也和自己的孩子看过，并询问了他们的满意程度。并在筛选时，尽量将"容易理解"和"难以理解"的电影数量，保持了平衡。

我们还优先推荐了知名度较低的电影，以防你们之前就看过。

我们的评价

看完这些电影后，基于我们的印象和孩子的观点，我们很高兴能对每部电影带来的感受给出我们的主观评价。

不容错过：一看完，都会想到"这真是一部好电影"。这类

032

电影通常都非常成功，也有很多人讨论，其剧情精彩，从一开始就能引人入胜，促使观众思考，带动不同的情绪。对我们来说，这类电影非常完美（当然，你们读到这句话想到的电影也一定很完美）。

意料之外：这类电影一般没什么知名度，我们也是偶尔看到，或是经别人推荐，又或是读到过关于它的影评。我们一般在图书馆，或某些视频网站上找到了这些电影，然后有些忐忑地推荐给了别的家庭，结果获得了一致好评。

老少咸宜：我们将这个评价给予那些，不管是大人还是小孩，看了都会喜欢的电影。虽然有些电影的评分不太高，但至少在我们来看，这些电影还是引起了所有家庭的兴趣，能让他们思考，带给他们积极的想法和有趣的体验。

难以理解：最后我们还推荐了一些可能要硬着头皮去看的电影，因为它们的剧情展开很慢，或者它们的故事背景都很久远，又或者极具戏剧性。通常来说，从电影一开始，就很难抑制住打退堂鼓的想法，但只要坚持看下去，就会发现它们的闪光点。懂得迎难而上，也是非常重要的一点，也是这些电影能在我们记忆里留下深刻印象的原因。

情感百杰

我们推荐的电影中，有剧情片、动作片、动画片和喜剧片，并试图维持不同片种间的数量平衡。我们的孩子总是吵着说要看喜剧片，毕竟谁都喜欢让人哈哈大笑，或至少能微微一笑的

电影。但也有很多悲情电影，甚至是悲剧电影，也值得大众的关注，毕竟这些电影也有一个很大的优点——能让孩子了解到悲伤与害怕等情感。这是一个教育孩子的绝佳机会，能让他们清楚地意识到，死亡、病痛和人生的艰辛，并不是禁忌话题。一起看电影是件振奋人心的事，同时也能让家人保持亲密，使大人与孩子看到同一个场景时，产生心灵上的共鸣与相同的情感。因此，电影也能或多或少为情感教育打下良好基础。不管怎么说，我们选择的电影基本上都是充满正能量的结尾，电影主角能通过某种方式，得到面对困难的力量，找到自己生命的意义。

关于电影适龄范围，有时我们会和制片方的建议不同。因为这本书推荐的，都是全家人一起看的电影，因此，我们默认孩子在观看时，都有家长陪同。如此一来，自然拓宽了孩子的电影适龄范围，因为有你们在，就能时刻帮助他们"消化"电影带来的情感，解释剧情的走向，不然就会显得难以理解。最后我们建议各位父母，要做好孩子的榜样。也许有那么几天，你们不想看电影，就想上上网，无聊地切换电视频道，而不是花点时间去找一部全家都想看的电影。要是真出现这种情况，就请提醒自己，你们的努力会让看电影变成全家的爱好，变成一种特殊的相处方式。希望本书推荐的电影能帮助你们实现这个目标，也希望你们的"家庭电影赏析会"能变成你们家真正的生活惯例。

家庭电影的十条"戒规"

为了将看电影培养成全家人的爱好，以下列出十条宝贵的建议：

第一，电影播放时的前三十分钟，不要发表自己的看法。大人也要帮助孩子做到这一点，在给出最后的判断前，鼓励孩子再往后看一些。

第二，如果你极力推荐的电影并不受家人欢迎，请不要觉得难过。这很正常，因为每个人的喜好都不一样。

第三，尽管孩子推荐的电影不对你的口味，也要同意一起看。记住上面第一点说的内容，谁知道后面会不会有惊喜呢？

第四，大人也要和孩子一起认真观看，不能三心二意。通常大人会趁着孩子看得起劲时跑去做自己的事。你们要克服这种想法，与孩子共享这一刻。总有一天，你们会明白这样做的价值。

第五，寻找优质的电影渠道，避免开支过大。在线电影的价格有时会低廉一些，但最有意思、最实惠的做法，还是去借图书馆的免费影碟。有些电影在视频网站上也有，但要是碰巧遇到社区组织的露天电影，也要利用好这个机会。

第六，听听其他家长推荐的电影。交换意见和建议能让你们受到很大的启发，也能极大地扩展你们对电影的认知面。

第七，教孩子在观影时不要打扰到别人（家长也要做好示范），看电影时打电话，或者玩平板电脑，会让注意力分散，代入不了情绪。

第八，看的电影在精不在多，要仔细挑选不同种类和题材的电影。

第九，当孩子看到"激烈"画面时，要重视孩子这时的情绪，因为这些画面会让孩子回忆起他们的亲身经历，并产生难以平复的想法。理论上来讲，只要有大人陪同，帮助孩子解释眼前画面的正确含义，他们就能观看任何一个画面（在适当的条件下）。因为一位可靠的家长，是能让孩子无所畏惧，敢于学习和面对任何事的伙伴。

第十，在家里放电影时，爆米花也许能激励你们开个好头。

第一章 同龄人之间的友谊与关系 人际关系的自尊

多亏那包薯片

我一上初中，所有事都以一种意想不到的方式，突然发生了变化。读小学时，一切都是那么容易。我的朋友一直在我身边，他们和我来自同一个小区，比如朱丽叶，她是我爸爸挚友的长女，还有阿黛尔和罗伯特，一个是我表姐，一个是我表哥，他们俩是龙凤胎姐弟，每到暑假我们仨都会一起玩。但小升初时，只有我一个被分到了初一（8）班。当我看到新学期的同学名单时，发现我一个都不认识，感觉心里有点难过。但那时才七月，接着就迎来了暑假，我将所有顾虑抛诸脑后，直到临近开学时我才回想起来。"新同学怎么样？我会交到新朋友吗？会不会有讨厌鬼找我麻烦？"我心中有很多疑问，但找不出任何答案。其他人也想不到我会在这件事上犯难，因为我之前和同龄人的关系都处得非常好，没有遇到任何问题。

但现在，作为一个成年人，我想说的是，在初中之前确实没有任何问题，因为小学时，我身边都是从出生就认识的朋友。我从来不知道融入一个集体有多困难，因为在初中前我根本不

要做这件事，我本来就是集体中的一员。而且我的母亲属于那种"爱操心"的家长，她几乎会不自觉地安排，我该和谁交朋友，和谁一起玩。"你去那儿，你来这儿，来做这个，去做那个"，她让我做的事情，其实是为了她自己能够安心。而我也喜欢听从她的建议，因为这样，我就能和熟悉的朋友开心地玩耍。

到了开学那天，妈妈建议我穿一件布衬衫，这让我感觉很不妙，因为那是件我爸爸穿去上班的那种正装衬衫。她对我说道："今天可是大日子，得穿帅气点。"但到了学校，全班同学都是穿的短袖短裤，就我一个穿得非常正式，像时尚杂志封面走出来的模特似的。果不其然，那天找我说话的人，一个也没有。另外，全班有 25 个人，每两人一桌，所以就要单出一人，你们猜，那个幸运儿会是谁？

回家的路上我显得心事重重。

妈妈发觉后，便问道："怎么了呀？不喜欢新学校吗？"

"喜欢，就是我想自己决定明天穿什么。"

妈妈笑着回答道："当然可以呀。"

第二天，我终于穿得像个中学生。但悲剧重演，还是没人找我搭话。我一直杵在座位上，总有种奇怪的感觉。我哪里做错了吗？是他们都不喜欢我吗？我哪点惹人厌了，让他们这样和我保持距离？后来的几天，我干脆很晚才出门，这样的话，到学校时刚好打完最后一次预备铃。大家都坐在座位上，我就不用在意其他同学，然后能在下次课间休息前，安心地坐在座位上，一说到课间休息，我该怎样度过那没人找我搭话的 15 分钟呢？所以在接下来的几周里，课间休息就变成了我的噩梦。最开始，我一直坐在座位上，其他同学从我身旁经过，跑去做自己的事，而我一直就在心里倒数，还有 15 分钟，还有 14 分钟，还有 13 分钟……我心里数着还有多久才能上课，因为对我来说，上课才是解脱。

你们会问，后来怎么变好的？那纯粹是巧合吧。有一天，我表哥罗伯特和我们班的卢西奥一起走进了我们教室，他们俩以前在一个球队里踢过球，所以都是朋友。

"对了，卢西奥，你认识我表弟吗？"表哥指了下我，问道。

"他是你表弟？"

我一下子涨红了脸。

"对，"表哥回答道，"你俩不会不认识吧？"

完了，表哥肯定会觉得我胆子变小了。而就在那一刻，我一改之前的面貌，开朗地说道："嘿！你们想不想陪我去自动贩卖机买点儿小吃？我饿坏了。"

说完，我们三个走到贩卖机前，卢西奥想买一包薯片，但他没有带钱，而我身上则有一枚两欧元的硬币。

"要不我借你吧。"我说道。

他转头看着我的眼睛，笑着说："谢谢你。"

我和他一人买了一包薯片，罗伯特和我们道了别，我和卢西奥就一起往回走。

"你喜欢哪支球队？"我问他。

"国际米兰。"

"我也是！"

我们开始聊起了足球，后面上课铃响了，我第一次感觉到，原来时间过得那么快。一到中午，卢西奥就问我，下午想不想一起去体育场踢球。我知道，妈妈多半不会同意我去，她总会说"要是没我认识的孩子陪你，就不要出去玩"，但最后我还是答应了他。回到家中，我像是经历了一场斗争，最后终于"争夺"到了妈妈的允许。我和卢西奥的友谊也从那天下午萌芽，他可能也没想到就这样和我成了朋友，但多半是当天上午我请他吃的那包薯片，改变了我少年时期的人生走向。

对孩子来说，学会与别人相处，是一件必要的事，但同时也是一件难事。那些得陪着孩子第一次去幼儿园，或是帮7~9岁的孩子报夏令营的父母，最懂这个感受。

让孩子交到一大群朋友、找到一同经历难忘时光的同龄人、学会介绍自己、聊自己玩的游戏和兴趣爱好、谈自己的生活，这不只是教育孩子的目标，也是让孩子迈向未来的起点。

身处陌生环境，周围都是陌生人，这种情形会贯穿整个人生。比如新的职场、与众不同的健身房课程，又或是升学，等等，生活会一直考验我们，看我们能否做到处变不惊。与人相处的经验会有效地帮助我们分辨出最好的方式和时机，融入一个未知的环境，与他人建立起友谊。但如果很难和别人正常交往，可能会在很长的一段时间内，阻碍你与别人建立起新的友谊。

3 岁前，与人相处

在 3 岁前，孩子不会特别想和其他人接触，当然，他们可能会和同龄小孩相处，一起玩耍，但他们最想要的是有大人陪在身边。因为对他们来说，大人什么都会做，能时刻呵护他们，给他们安全感，在他们心里很重要。一般来说，只要满 1 周岁，孩子就不会总是黏着照顾他们的人，而是会变成"探险家"，去探索周围的世界。他们和妈妈（或其他负责照顾他们的人）之间，就像系着一根细长的橡皮绳，在探索时会短暂地与大人"分离"——孩子会跑到别处，去探索"世界上"未知的角落，然后回到大人身边，因为这儿就是他们的安全港。他们会在此停留，有时还会稍做休息，养精蓄锐，然后再次出发。就像小汽车偶尔也会停下，去加油站加满油一样，在孩子 3 岁前，监护人的关爱就体现在，不停地给他"加满"爱，给他安全感和前进的动力。孩子最想要的，就是大人能随时给予依靠，所以对孩子来说，那时的同龄人并不重要，因为同龄人做不到这一点，这也是让孩子和幼儿园老师好好相处的重要原因，因为这会使孩子意识到，原来自己身边一直有大人在，还会以他们独特的方式，照顾自己。

幼儿园，"初入社会"

孩子3岁过后，情况就会发生变化。在这之前，他们把世界探索得差不多了，剩下的要和同龄人一起探索，同龄人也就变成了他们前进的重要力量。在这个年纪，能一起玩耍、一同尝试新事物的人，就是朋友。但其他孩子的性格、习惯及行为方式都与自己不同，学会与他们相处并不简单。因此，在孩子社交早期，大人远远地陪在孩子身边，偶尔提供一些建议，就显得尤为重要。

如果你们的孩子，从来没有邀请朋友到家里玩过，那开始时，你们可以适当地给予一些帮助，但不要过于干涉他们的选择，这样就能让孩子懂得邀请朋友到家里玩和玩什么的正确方法，并能在以后独自决定相关事宜。

举个例子说：有个叫彼得的孩子，4岁了，家里有两个哥哥。两个哥哥每天下午都要把朋友请到家里一起玩。然后就在春天，彼得竟破天荒地要叫幼儿园的朋友乔瑟夫到家里来玩。这时，你们站在彼得的角度，思考一下他为什么这么做。在哥哥的影响下，彼得明白自己正经历一段特殊时期，自己也在长大，也能像哥哥一样和朋友相处，接着就一时兴起，邀请朋友到家里玩。但一时兴起很可能会把事情搞砸，乔瑟夫来到自己家后，彼得非常高兴，但其实他并不知道要和乔瑟夫玩什么，怎么和乔瑟夫相处。在幼儿园有老师帮忙组织孩子们的活动，在家里，两个哥哥请朋友来，是玩电子游戏。但彼得和乔瑟夫却不知道该做什么，他们的确很开心，但也很困惑，不知道一起玩什么。在这种情况下，大人可以先带着他们做游戏，然后再慢慢退出，让他们俩自己玩。比如，夏天把迷你充气游戏池拿出来装满水，就是个不错的选择，让他们俩在水里尽情嬉戏，不用大人管也能玩得开心。冬天能一起吹几个气球，让孩子们打破僵局，或者摆出一张小桌子，让他们用儿童模具玩玩橡皮泥。但有时孩子并不需要大人的帮助，因为他们自己就知道该做什么，而且总的来说，孩子能慢慢地学会与别人合作，这能让两个孩子在玩耍时（没错，就是在玩耍时），根据之前的交往经验，学会如何与别人相处。

爸爸妈妈的支持

在孩子人际关系上花心思，帮助孩子融入一个集体，奉献出自己的时间、经验和耐心，在与人交往的路途上陪伴他们、支持他们，这对孩子的成长非常重要，也能保证他们在成年时，不会畏惧与别人相处。这就是说，同意孩子去朋友家玩，也要同意邀请他们的朋友到自己家玩，鼓励他们加入运动社团，或是参加一个夏令营。

　　有一个标准能很好地评价现在你们对孩子这方面的关心程度，那就是想一下，在空闲时他和其他孩子相处的时间，并用来和所有空闲时间、与大人相处的时间做比较。在人际关系上，独生子女遇到的困难会更多，大人应当帮助他们，寻找与同龄人相处的机会。但要注意的是，促使他们加深友谊固然没错，但务必把握分寸，不要给孩子施加过多的压力。

　　很多家长一到度假村，就想着让孩子整天都去参加儿童活动。对于外向勇敢的孩子，不会遇到很多困难，一下子就能融入这个新环境。但其他孩子却不能立即适应，他们需要时间，慢慢地迈出这艰难又复杂的一步。

当朋友意味着一切时

　　如果在读幼儿园以及小学的前几年，大人在人际关系上陪伴、帮助了孩子，那从七八岁起，他们便能更加自主地处理人际关系。习惯与人打交道后，从中获得的安全感，加上和同学越来越熟悉，对不同集体（如体育队、兴趣小组等）产生的归属感，会让他们越来越想和其他孩子一同玩耍。这时他们的玩耍，就像是为迎接青少年时期进行的实验与操练，探索演练与人交往的技巧。此时的大人应该给予一定的自由，在一旁观察他们，能在孩子需要时为他们提供帮助。允许 9 岁的孩子邀请朋友到家里玩；把思考玩什么的任务交给他们；让他们遵循一定的规则（比如电子游戏只能玩一个小时，剩下的时间只能玩别的；如果闹矛盾了，就让孩子一起想办法解决，大人不要介入）；建议他们组织一场寻宝探险；让他们决定多久吃零食；帮助他们打电话邀请别的孩子，在你们双方大人正式商量细节前，偶尔还能让孩子和对方家长先谈一谈。让孩子自己负责这些事情，会让他们感到自信，觉得自己有能力设想、计划，筹办出让所有朋友聚在一起开心玩耍的聚会。

步入初中，孩子去别人家里玩的频率就会成倍提高，比如一起去图书馆，或者没有大人陪，就结伴去踢球。孩子和同龄人交谈时，也不希望你们在旁边，这经常会让你们感到不满。你们要多给他们一些空间，但并不是说完全不管，而是持续给予孩子帮助，时刻关注他们的变化，这也是非常重要的一点。

可能会遇到的难题

很多不具备社交能力、融入不了同龄人、对少年时期感到迷茫的孩子，会觉得自己与外面的世界断开了联系。他们活在孤独中，在手机和电脑前消磨时光，也许他们会在社交网络上结识虚拟网友，但这对现实生活并没有帮助。这样的孩子会觉得自己与他人格格不入，对他们来说，还有种坏处就在于，他们可能会选择依靠于一个"孩子王"，听从他的命令，当一个"小弟"，以此获得归属感与认同感。

　　帮助孩子与同龄人好好相处，让他们冷静、开心地融入同龄人群体，是每个监护人的职责。想要实现这个目标，父母就要付出实际的行动与艰苦的汗水，尤其是要有一个明确的教育计划。那些只知道玩手机、玩平板电脑，也许一玩就好几个小时的孩子，就很有可能不知道以后怎么和同龄人相处了。也就是说，可能在大人的指示下，能够正常地与别人相处，而一旦没有大人，便不知道怎么做。如此一来，孩子便会失去构建自尊中最美好、最重要的一种感情——友情，也不会懂得与身边的朋友协同合作。这种不自信会在孩子心中留下痕迹，还会影响他们一生，但学习如何交朋友却永远都不算晚。

交流的艺术

　　接下来，我们为各位家长列举出两段妈妈和孩子的对话，话题都是怎么举办孩子的生日派对。读完这些内容，请试着思考一个问题：在派对结束后，哪种情况下的孩子会更开心呢？接着再回答我们，哪种情况留下的回忆是最幸福的？然后在哪种情况下，能够最大限度地让同龄人相互帮助、共同面对挑战、发挥各自的特长？你们还会发现，在两段对话中，母亲说话方式的不同，给孩子留下的情绪模型也不同，在心理上留下的印象也完全相反。

反面教材

"妈妈，我生日那天能像马可那样，办一个超有趣的派对吗？我今天玩得太开心了。如果我们也能像他那样，在院子里搞一个寻宝探险就好了。"

"保罗，你真的是想一出是一出。我们不是说好了吗？你明知道爷爷奶奶每年都很想给你庆祝生日呀！还有，我和你爸爸根本就没空帮你弄那些游戏，我们做不到。你又不是不知道，我们下班后就很晚了，哪还有精力做这些？单纯庆祝一下就行了！"

"可是妈妈，我生日从来都没邀请同学到家里来过。之前八次生日都是和爷爷奶奶、亲戚一起过的，我从来都没和朋友一起庆祝过。"

"爷爷奶奶就不重要了吗？况且今年爷爷的身体还不好。你就像以前那样，带些点心去学校，和朋友一起吃不就当庆祝了吗？"

保罗沉默了一会儿，回答说："但我真的很在乎我的朋友，我想要他们来我们家一起庆祝。当然，我也爱爷爷奶奶，也会永远和他们庆祝我的生日呀！"

"你们这群孩子玩起来简直没有章法。我之前可见过你们在别的派对上干过什么。我可不想一群熊孩子出现在我们家，借着寻宝探险的名义，把院子弄得一团糟。"

"那就是说，我和朋友在家，什么都不能做吗？你偶尔不也会请你那些闺蜜来我们家吗？我就谁都不能请？"

"我的闺蜜都是成年人，她们知道怎么约束自己。再说了，保姆罗贝塔阿姨不是带你玩过很多有趣的游戏了吗？还会带你去公园……你抱怨什么啊？"

"你说得没错，妈妈。但我想叫朋友到我们家里玩。"

"这样吧，保罗，我们想一个方法。或许我抽空找个星期六，我们邀请你的朋友去快餐店吃顿饭，然后全体去电影院看场电影。下周就可以，虽然那时候你生日已经过了，但他们一样会玩得很开心。"

"哦，那可太好了。谁知道他们会有多开心呢！"

正面教材

"保罗，今年生日，你可以举办一个主题派对招待你的朋友。我们可以预定一把遮阳伞，这样你就能计划一下，想做哪些既有趣又富有挑战性的游戏。我们还可以一起想想吃点什么，然后剩下的就交给我。"

"妈妈，这个主意简直太棒了！但我不知道自己能不能办好这样的派对。"

"你可以回忆一下，今年夏天去度假村玩了什么游戏，还可以想一下你自己最喜欢哪些。所以和你的朋友做什么游戏，应该算不上很难。"

"没错！妈妈，有个游戏我就很喜欢，它要求嘴里叼着勺子，然后在勺子上放上乒乓球，让人绕过障碍前进，看谁最快，接着还能进行一场飞盘比赛。"

"这真是个好主意，但要注意安全，可不能摔跤。保罗，还有你比画我猜呢，简单又好玩。"

"没错！妈妈，你觉得我们分成小组，然后每个组都要准备一个节目怎么样？可以是唱一首歌，或者表演一个喜剧小品？"

"看来你有很多想法嘛，你的生日派对一定会很有趣。今晚你就和爸爸一起准备邀请函吧，也和爸爸说说你想到的游戏，他也能帮你给朋友们解释一下游戏规则。"

"这肯定会是一个超酷的生日派对。我都快等不及了！"

引人深思

在第一段对话中，故事中的妈妈高高在上，在家中的权力不可撼动，办什么样的派对也是由她决定，她提出了一个周到的计划，到时候肯定也很有趣，但却和孩子的想法背道而驰。对故事一的妈妈来说，派对就应该包含方方面面，没必要特别花时间去准备，尤其是不能在家里办。

而在故事二中，妈妈却鼓励保罗发挥想象力，筹办自己的派对，她能分辨出儿子到底喜欢什么，能给予孩子帮助，而且不会强加自己的想法。而对于保罗来说，他会觉得自己是这场派对的主角，他的朋友也都会到场，然后对父母、对朋友，都能承担起一定的责任，想要组织一场有趣的派对，考验自己的策划能力。

测　验

　　阅读下面的问题，每人选择与自身最贴切的选项，将答案写在纸上，并按照 29~30 页的步骤，完成测验。

	总是	经常	偶尔	从不
1. 别人信任我				
2. 我觉得很无聊				
3. 我觉得别人愿意与我相处				
4. 我觉得受人排挤				
5. 别人会找我一起玩				
6. 朋友做什么都很少叫上我				
7. 别人找我谈心				
8. 觉得自己没有存在感				
9. 我给人的初次印象很好				
10. 我和别人保持距离				

分数

　　根据下面的表格，计算自己选项的得分。比如，第一题你们选择了"经常"，那就得 3 分，以此类推。然后根据所得总分，朗读对应的测试结果。

	总是	经常	偶尔	从不
1. 别人信任我	4	3	2	1
2. 我觉得很无聊	1	2	3	4
3. 我觉得别人愿意与我相处	4	3	2	1
4. 我觉得受人排挤	1	2	3	4
5. 别人会找我一起玩	4	3	2	1
6. 朋友做什么都很少叫上我	1	2	3	4
7. 别人找我谈心	4	3	2	1
8. 觉得自己没有存在感	1	2	3	4
9. 我给人的初次印象很好	4	3	2	1
10. 我和别人保持距离	1	2	3	4

30~40 分：善于社交

你很喜欢和朋友、熟人待在一起，不管是与熟人还是和陌生人打交道，你都不会觉得不自在。你相信你的直觉，因为在直觉的帮助下，你能找到与人相处最合适的方式，让你们双方都保持愉快。你是典型的社交人格，身边的人都想与你亲近，有喜悦会和你分享，有难处会找你帮忙。在本章节中，你可以和家人交谈，并观察自己的社交品质在家中有何体现。

20~29 分：社交正常

　　除了家人，你懂得与朋友保持良好的关系，也能很好地融入你所在的集体。有时你会和别人闹矛盾，或是觉得没受到赏识，但之后你都能克服，然后重整旗鼓。你用心地与人相处，收获到很多朋友。在本章节中，你会收到一些小建议，让你的社交生活更上一层楼。

10~19 分：有待提高

　　你不擅长社交，你自己也这样认为，你很难融入陌生的集体中。有时你会觉得，身边的人不需要你或是不了解你，又或是两者都有。人很少时，你才能感到舒适。你也有意做出改变，但不知道如何改变。你还会想，现在改变是不是太迟了。本章节会帮助你与家人沟通，找到你的强项，让你在家门外也能获得令人满意的人际关系。

0~9 分："既然和别人在一起不开心，那不如独处来得好"

　　你大概会经常想到这句话，也觉得它挺有道理。因为你很难取得别人的理解，也很难与其他人好好相处。你会避免必须与陌生人接触，以及需要社交技能的场合。在本章节中，你会得到一些启发，然后平静地与家人说说心里话，通过对话，你会重新审视与他人的关系，以及你自身的品质，这些都能在与别人的交往中派上用场。

游戏与互动

友情通话

时间：30 分钟。

类型：竞赛游戏。

受益指标：安全感、归属感。

参与人数：2 人及以上。

建议年龄：4 岁及以上。

所需物品：

- 每人一份纸笔；
- 一部电话。

游戏目标：确认朋友对自己的了解程度。不管对大人还是孩子来说，这个游戏都具有趣味性与吸引力，也能让朋友知道自己在你们心中的重要性。

步骤一：每人在纸上列出自己喜欢的东西，可以根据"你对我的了解"（往下看），回答问题完成这一步，也可以参照下面的列表，另做一张适合全家人的列表，且表上的问题要保持

一致。

　　如选择直接使用已有列表，请每人拿出纸笔，写上题目序号，并在序号旁写下你们的答案。

你对我的了解

（1）我最喜欢哪种颜色？

（2）我最爱吃的是什么？

（3）我通常会做哪种体育运动？

（4）哪个词能贴切地形容我的性格？

（5）我的生日是哪天？

（6）我最喜欢的歌手是谁？

（7）空闲时我通常会做什么？

（8）哪个是我最喜欢的季节？

（9）我最喜欢哪种口味的冰激凌？

（10）我睡觉时是哪种姿势？

步骤二： 每人给各自的朋友打一个电话，提出的问题要相同，以得知朋友对你们的了解程度。因此，现在请你们按照顺序，向家人展示你们的答案，并说明想要打给谁。如电话具有免提功能，最好开启免提。电话接通后，向朋友说明这是一个游戏，如果他的回答和你给出的答案一致，那他就非常了解你。谁的朋友回答正确的次数最多，谁就获胜。但要注意的是，答案的意思相同就算正确答案。拿第（4）题来说，假如你的答案是"乐善好施"，那朋友回答"乐于助人"，或者说你随时能给予朋友帮助，都算正确。

友谊配方

时间：30 分钟。

类型：合作游戏。

受益指标：做选择的能力。

参与人数：2 人及以上。

建议年龄：4 岁及以上。

所需物品：纸和笔。

游戏目标：找到你们的友谊配方，也就是对你们来说，一位朋友要具备哪些特点，才能算作挚友（比如不会在背后说人坏话、很长一段时间都一同度过、有相同的兴趣爱好）。本次游戏能让你们围绕友谊展开讨论，帮助你们理解友谊建立在哪些价值观上。

补充说明：最好在桌边展开游戏，饭前、饭后都可以。

先想想你们的朋友，看看他们哪些品质受人欣赏，这会是个不错的切入点。我们给你们推荐一个团队合作的技巧，这会让你们取得所有人都认同、满意的结果。

首先，花五分钟时间写下朋友的优良品质，把想到的都写下来，然后依次将你们心目中，一位挚友所具备的特点说出来。

在你们之中选一个记录员，把所说内容记录下来。所有人都得参加这个环节，且不可评价他人标准，任何想法都可以说。

其次，在所有品质中，投票选出你们认为特别重要的一项，每人最多选择三项，由记录员唱票，每次一项，供人投票（一定要选最喜欢的那一项，不一定得是自己写的）。投票结束后，选出得票最多的五项品质。

然后依次说出最后有哪五项，并围绕每一项展开讨论，让支持方和反对方，发表自己的观点，解释为什么觉得这一项重要，或是没那么重要。每一项的讨论最多一分钟。

最后，再次投票，按投票结果排列顺序，完成你们的"友谊配方"。

为你介绍我的朋友

时间：30 分钟。

类型：交流游戏。

受益指标：信任，安全感。

参与人数：2 人及以上。

建议年龄：4 岁及以上。

所需物品：纸和笔（如果不想使用建议列表，而想自己另做的话需要纸和笔）。

游戏目标：分享个人理解与培养友谊的方式。你们会发现感情在本质上没有任何区别，不管是大人还是小孩，都会以同样的方式，享受友谊带来的益处。在这个游戏中，可能彼此的对话会演变成关于"损友"的争论，会谈到那些不受家里人信任、欢迎的朋友（尤其是孩子处在青少年时期时）。这将是一个倾听他人想法、缓解彼此矛盾的绝佳机会。

先在心里想好，现阶段你最重要的朋友，想要介绍给家人的朋友是谁，然后基于下列表格，轮番回答关于朋友的 10 个问题，也可以只回答其中的一部分。

问答表

（1）和朋友度过的哪一天最开心？

（2）你们在一起时最喜欢做什么？

（3）如果把他比作一种动物，会是哪种？

（4）你最欣赏他哪项身体素质①？

（5）你最喜欢他性格上的哪一点？

（6）他有什么你不能接受的地方吗？

（7）说出一项多亏他，你才发现的自身个人品质。

（8）你从他身上学到了什么？

（9）他做的哪件事让你最开心？

（10）你会寻求他的帮助吗？什么时候会？

所有人回答完毕后，根据刚刚听到的答案，相互交流各自

---

① 身体素质包括速度、韧性、平衡感、力量、四肢协调等。——译者注

心中的感想。回答下面的问题，或许能给你们的讨论开个好头。

- 哪些回答让你们印象特别深？
- 你们觉得家人的朋友怎么样？
- 有让你们感到失望的回答吗？
- 你们会觉得家人的朋友不可信吗？为什么？
- 刚才回答问题时，你们会感到困难吗？
- 面对面回答家人的问题，你们有何感受？
- 对比大人和孩子的答案，有哪些不同，又有哪些相似？

画出珍贵的友谊

时间：45 分钟。

类型：交流游戏。

受益指标：信任、安全感。

参与人数：2 人及以上。

建议年龄：6 岁及以上。

所需物品：

- 白色卡纸；
- 铅笔、橡皮擦、卷笔刀；
- 自己想画哪种画（比如彩笔画、水彩画、拼贴画），来选择文具。

游戏目标：画一幅画，写实或写意都可以，主题是自己与朋友。要求每人在家里选一处安静的地方，各自开始创作。你们的作品能让你们与家人分享自己对朋友的看法与感受，这是一个很私密的过程，但能提高你们表达情感的能力。这对于大人和小孩，都会是一段难忘的经历。

选择一个或多个现阶段相处融洽且对你们很重要的朋友。你们的画要描绘出自己与朋友两方，并蕴含与朋友间的友谊。首先要选好角度，想好有哪些物品或标志，能够很好地表达你们拥有的这段友谊。想好后就可以下笔，不用担心自己画不好，重要的是你们能传达的信息。如果你们选择的是拼贴画，那也能通过剪报丰富自己的作品。如果是水彩画或彩笔画，那选择合适的颜色，就能帮助你们表达这段友谊的感情色彩。画完后与家人再次聚到一起，向他们分享自己的画作，全都看完后，每个人都谈谈自己的感受。

好朋友饼干

时间：45 分钟。

类型：交流游戏，合作游戏。

受益指标：信任、安全感、自我效能。

参与人数：2 人及以上。

建议年龄：4 岁及以上。

所需物品（食材可做出 4 份饼干赠予好友，也能让你们尝一尝）：

- 400 克低筋面粉；

- 200 克白砂糖；

- 200 克黄油；

- 3 份蛋黄和一份蛋清；

- 柠檬皮和擦丝器；

- 一小撮盐；

- 饼干装饰物（比如彩色或巧克力糖针、彩色或银色的糖珠、珍珠糖、碎榛子仁、烘焙用杏仁片，还有核桃仁），糖霜或巧克力酱；

- 各式饼干模具（也能用窄口玻璃杯）；

- 烤盘；

- 食物毛刷。

游戏目标： 一起制作包装袋，用来装送给好朋友的饼干。与孩子一同烘焙饼干，将是一次有趣、好玩的经历，对手艺要求不要太高，量力而行就好。因此，我们为你们准备了一份简单的食谱，能让你们根据自己的想法和能力，做出相应的调整。为好朋友准备惊喜，无疑是件高兴的事情，因为你们在乎他们，能够预见他们收到礼物后，眼中流露出的喜悦。

补充说明： 这个游戏也很适合单亲家庭，对孩子来说，一起做饼干不仅是为了自己的朋友，也是为了另一位不能常在身边的亲人，这将会是一段美好的经历。

首先用擦丝器将柠檬皮切成细丝备用，然后将面粉倒在菜板上，在面粉中央留出一个窟窿；将黄油加热 5 秒，待其变软后，切成小块，与糖、盐、蛋黄、蛋清和柠檬皮细丝一同加到面粉中央，随后快速搅拌，与面粉和在一起，为了不让面团变软，和面的次数也不宜过多。和完面后，将面团揉成球状，用纱布或保鲜膜包裹，放入冰箱保鲜室发酵 1 小时。1 小时后，将面团取出，分成 3 份，只取 1 份使用，剩余 2 份放回冰箱备用。在取出的面团上撒上面粉，用擀面杖擀至半厘米厚。拿出烤盘，将烤盘纸铺在烤盘底部，用饼干模具挤压擀好的面饼，将压出的饼干放在烤盘纸上。要是家里没有饼干模具，也可以用窄口玻璃杯，在杯口沾上面粉后挤压面饼即可。

以下是装饰饼干的两种方法。

1. 烤前装饰：先将烤箱的温度设置在 180~200℃预热，然后用毛刷在饼干上刷上蛋清，将自己喜欢的糖饰（糖针、糖珠等）洒在饼干上，然后将饼干放入烤箱，烘烤 12 分钟，注意不要烤煳。

2. 烤后装饰：将饼干放入烤箱，温度设置在 200℃，12 分钟后取出烤盘，使其自然冷却。这时可以用糖衣或巧克力酱装饰饼干。将 100 克糖粉、3 小勺水，再加上几滴柠檬汁，加热融化就得到糖衣啦。要是你们更喜欢巧克力酱，那就在碗中加入 100 克巧克力、4 小勺牛奶，然后在锅里隔水加热，或用微波炉加热，使巧克力融化。然后将每块饼干的两边，分别蘸上巧克力酱和糖衣；把装饰好的饼干放在烤盘纸上，接着将其放进冰箱，冷却几个小时，直到糖衣和巧克力酱凝固为止。其实还有一个装饰饼

的方法，但难度更高，那就是用裱花袋（如果没有的话，可以拿装冷冻食物的塑料袋，在其一角剪一个非常小的缺口，大概1~2毫米就行了）。将糖衣或巧克力酱倒进袋子中，从小缺口中挤出，就能在饼干上写字画画了，画完后等装饰凝固就行了。

饼干做好后，只需把它们好好包装一下，然后送给朋友。你们可以拿一张透明纸（文具店就有卖）摊在托盘上，接着把饼干放在纸上，提起纸张的四角，把饼干包起来，在封口绑一个彩色的蝴蝶结，以此作为装饰。你们还可以在蝴蝶结上系上一张纸条，写上自己想说的话，要是你们觉得这还是太普通了，那就系上一张你们做饼干时的照片吧。要好好想想，到底哪一位朋友值得你们准备的这份惊喜……让他大吃一惊呢？

我是你

时间：15分钟。

类型：合作游戏。

受益指标：信任、安全感。

参与人数：2个及以上。

建议年龄：6岁及以上。

所需物品：纸和笔。

游戏目标：训练换位思考的能力，其培养过程永远没有尽头。毫无疑问，同理心是与人长期友好相处的关键。有同理心，是指能够站在别人的角度看问题，明白别人的感受。想要做到这一点，就得学会倾听，不仅是说的什么话，还要懂得别人的眼神、动作，还有沉默的含义。

游戏分为两组，一组为游戏组，两人进行游戏，一组为观察组，观察游戏中的两人。游戏组中家长和孩子各一位，也可以是两个小孩，或是父母两人。

下方列表含有几类情形，你们可以在其中选择一项，或自己另设一项进行游戏，游戏组的两人要设想自己正处于所选的情景中，并站在另一人的角度与其交流互动。并且两人都要尽量模仿对方的说话、行为，以及思维习惯。

情形列表

（1）你们两个坐在桌子旁，面前有一碗热腾腾的蔬菜浓汤。

（2）你们两人正在山里，要一起走很长一段路。

（3）你们在儿童公园玩，天气晴朗。

（4）别人送了一整盒巧克力给你们。

（5）你们正在看电视里的一场足球赛。

（6）你们刚开动了一款主机游戏。

（7）现在已经晚上 9 点了，但你们还是有很多事情 / 作业要做。

（8）你们已经在电脑前坐了 2 个多小时了。

（9）家里一团糟，你们正拼命地找某样东西，但就是找不到。

（10）你们非常想和朋友出去玩，但之前答应家人要做某件事情。

交换角色开始游戏，几分钟后，如果觉得差不多了，就停下来回想一下刚刚说了什么。

首先，先让观察组成员表达自己的观点：

- 他们两个互相模仿得怎么样？有从对方的角度出发吗？
- 他们刚才的对话，会真实发生吗？
- 他们各自在游戏中遇到了什么困难？

接下来，游戏组成员发言：

- 站在对方角度看待问题时，遇到了哪些困难？
- 有发现对方的哪些点，是以前不知道的吗？
- 根据刚才的对话，你们会重视哪些方法，然后运用到将来的交流中？

友谊音符

时间：15 分钟。

类型：交流游戏。

受益指标：信任、安全感。

参与人数：2 人及以上。

建议年龄：4 岁及以上。

所需物品：下面将列出儿歌金曲比赛的曲目，请找出对应歌曲的歌词，如果可以的话，也搜索一下音频和视频（视频网站上都有）。

游戏目标：从儿歌金曲比赛中受到启发，与孩子讨论友情。

试着读一读下面儿歌金曲比赛中各曲目的歌词，这些都是关于友谊的歌，如果可以的话，也可以搜出来听一听。你们可以讨论歌词内容，并借此机会谈谈你们各自的友谊。家长也能和孩子分享，当年自己与朋友在一起，那些象征着这段特殊岁月的歌曲。

● 《朋友》（*Amico*）

1986 年第 29 届儿歌金曲比赛。

词：马切维奇

曲：尼金斯基

译：卢西亚诺·贝雷塔

推荐理由：这是一首关于友情的老歌，用简单的语言谈论什么对友情有益，什么对友情有害。

● 《朋友，敌人》（*Amico nemico*）

1995 年第 38 届儿歌金曲比赛。

词 / 曲：阿尔贝托·塔斯塔，法比奥·塔斯塔

推荐理由：这首歌讲述的友谊，存在于不同文化背景、不

同国家的孩子间。歌词中唱道"他是你……",这也是一个看待他人最好的角度。

● 《友谊是……》(*L'amicizia è*)

1997 年第 40 届儿歌金曲比赛。

词/曲:阿列克谢·安德里安诺夫

译:维托里奥·塞萨·维塔利

推荐理由:在歌曲中唱到,即使互不相识,孩子间还是能诞生友谊,友谊就像花儿一样,美丽而脆弱,一同玩耍会让他们更亲密,又或因某事争吵,但这就是相处的方式。

● 《为朋友》(*Per un amico*)

2002 年第 45 届儿童金曲比赛。

词:马克·艾德拉

曲:马克·艾德拉,克劳迪奥·法里纳

推荐理由:友情不止一面,但在友情中,我们所有人都能理解、想到我们的朋友。

● 《一生的挚友》(*Amici per la pelle*)

2007 年第 50 届儿童金曲大赛。

词:玛丽亚·弗朗西斯卡·波利

曲:詹弗兰科·法萨诺

推荐理由:这首歌教会我们,人与人之间只要有爱,就能克服一切差异。两个截然不同的人，也能找到聊不完的话题。

● 《淘气包不可怕》(*Il bullo citrullo*)

2007 年第 50 届儿童金曲比赛。

词 / 曲：乔凡尼·保罗·丰塔纳，阿尔贝托·佩莱

推荐理由：歌曲的节奏抓耳，歌词更是揭示了如何"打败"学校淘气包的秘密。看视频的话，比听音乐更有感觉。

● 《如钻石般珍贵》(*Raro come un diamante*)

2016 年第 59 届儿童金曲比赛。

词 / 曲：斯蒂法诺·里加蒙蒂

推荐理由：有利于帮助我们看到友情的优点，懂得在自己的人生道路上，朋友有着不可替代的作用。

电影推荐

《西葫芦的生活》(*La mia vita da zuccbina*)

导演：克劳德·巴拉斯

上映时间：2016 年

制片国家 / 地区：瑞士，法国

片长：66 分钟

类型：动画

我们的评价：意料之外。

适龄范围：12 岁及以上（在大人的陪同下观看）。

电影关键词：友情，情感，依赖。

电影相关：电影改编自吉尔·巴黎的小说《西葫芦自传》（卡萨莱蒙费拉托皮恩美出版社于 2008 年在意大利出版）。这是一部橡皮泥动画电影，其中主角都是橡皮泥小人，且使用了逐帧拍摄的技巧，也就是说，电影的每一帧都是一张照片，照片记录了橡皮泥小人细微的动作，只有在剪辑时，人物动作看起来才会连贯。

剧情简介：小黄瓜是主角的绰号，他的母亲因酗酒去世，最后他被送到了孤儿院生活。与其他孩子，特别是与卡蜜尔之间的友谊，改变了他的生活，重新让他对生活充满了希望。

推荐理由：虽然这是一部动画电影，但并不只是针对儿童市场。尽管这部电影的故事很重要，情节也很吸引人，但这部电影的主题还是有些沉重与复杂。电影的故事很精彩，有些孩子想找到合适的话语，表达自己内心的苦痛，想要找到能认真倾听自己苦痛的人。并不是所有孩子都会像西葫芦那样，经历生活的不幸，但他们能感受到，那种世事无常的感觉，以及伴随着的强烈感情。这部电影感人、深刻、直接，富有诗意，它能触动大人和孩子的心灵，让大人重寻自己内心的童真，让孩子有机会以简单细腻的方式，面对一些通常只有"大人"才会思考的问题。

看完之后：相互谈一谈让你们印象最深的那一幕。

《高举的双手》（*Tutti per uno*）

导演：罗曼·古皮尔

上映时间：2010 年

制片国家 / 地区：法国

片长：90 分钟

类型：剧情

我们的评价：难以理解。

适龄范围：10 岁及以上（在大人的陪同下观看）。

电影关键词：叛逆，爱，友情。

电影相关：2010 年戛纳电影节上映。

剧情简介：2067 年，主角米兰娜讲述着自己的童年，还有她们一家从车臣来到法国后，被卷入的种种事件。米兰娜年轻时，和朋友布莱斯加入了一个地下帮派，这个帮派靠着举办非法飙车比赛捞点小钱。但 2006 年，法国出台的移民政策，将很多非法移民驱逐出境，米兰娜当时的身份也不合法，很可能面临与其他非法移民相同的命运。为了避免这件事发生，也正是她的那些朋友，想到了一个特殊计划。

推荐理由：电影中的成人各有不同。最显著的就是布莱斯的母亲，在一些情况下，甚至超越了家长的身份，近距离聆听孩子们想要逃离悲痛现实的需求。但也正是她的这份敏感，才能让她与孩子如此亲密，让孩子感受到关怀与理解。电影中的这群孩子，在叛逆期时加入了一个帮派，想试试自己有多大本事，看自己能否改变生活，而不是接受生活。家长在观看这部电影时，很可能会看到或回忆起一种自己没有参与过的相处方式，这会让家长看到叛逆之外的成长，孩子的成长潜能都需要接纳和引导。而对孩子来说，这部电影细腻地表达了友情和爱的重要性，两者都是面对生活，尤其当生活不如意时，能以该有的轻松去面对生活的必需品。

看完之后： 轮流讲自己的一次经历，那时你们需要帮助，需要安全感，你们的朋友充当了自己的安全港湾（家长也回忆一下自己小时候的经历）。

《圆梦巨人》（ *IL GGG — Il Grande Gigante Gentile* ）

导演： 史蒂文·斯皮尔伯格

上映时间： 2016 年

制片国家 / 地区： 美国，英国，加拿大

片长： 117 分钟

类型： 冒险，动画

我们的评价： 不容错过。

适龄范围： 6 岁及以上。

电影关键词： 友情，梦想，希望。

电影相关： 改编自罗尔德·达尔的小说《吹梦巨人》，这本

小说于 1982 年出版，正是本片导演拍《E.T. 外星人》那年。为了致敬这部电影史上的杰作，在本片中，主角苏菲居住的孤儿院中，就出现了外星人公仔。

剧情简介： 小女孩苏菲并不幸福，她住在伦敦的一所孤儿院。一天晚上，她被一个巨人绑架，起初她很害怕，但她很快就发现了巨人身上隐藏着的特殊品质，然后两人成了好朋友，他们的友谊也让苏菲变得更加坚强。苏菲和巨人必须面临非常多的挑战，因为在巨人之国，人类是无法抗拒的美食，但他们总能找到一种方法面对威胁，甚至还去麻烦了英国女王。

推荐理由： 斯皮尔伯格将罗尔德·达尔笔下的故事进行了改编，拍出了一部有诗意、有冒险、有泪点的电影。两位主角都很孤单，一个是吃素的巨人，他一个人住在巨人国，因为其他巨人都要吃小孩；另一个就是苏菲，她是一名孤儿，必须住在一家孤儿院内，院里没有人真正喜欢她。两人尽管孤单，但他们都是好人，都想敞开心扉，迎接生活中更多的美好。真挚的友谊如何改变生活，如何变为生活的转机，以此面对任何困难，这一点电影展示得非常好。斯皮尔伯格以同样的力度与大人和小孩对话，以一系列的画面、悬念，以及笑点征服了观众。这部电影会为你们带来非常多的启发，让你们彼此分享强烈的情感，并谈论每个人心中对爱与保护的渴望。

看完之后： 大家轮流讲一个特殊的朋友，还有你们真正得到帮助的那次经历。

第二章 | **相信自己的能力
学业与工作上的自尊**

九九乘法表决赛

小时候，我的小学老师总有一种执念，她什么都想办成比赛——听写比赛、作文比赛、简述比赛、跑步比赛、足球比赛、绘画比赛，还有记忆大比拼。然后，最特别的是九九乘法表比赛，比赛采用淘汰制，决赛前都是两两比拼，败方直接被淘汰，赢得冠军的话，会得到一袋糖果作为奖励。全班都想要那袋糖果，因此每次为了它都要比个两星期。要想获得奖品，就要先通过预选赛进入八强，然后是四强，接着便是半决赛。而九九乘法表的决赛，就像足球世界杯一样，不，对于还是孩子的我们来说，比世界杯还重要。而家长，不管他们愿不愿意，都以某种方式参与了进来，因为那几天我们除了谈论比赛，就不会提起其他话题，家长也是如此，在校门口，我经常听到其他父母互相询问："我们家孩子过预选赛了，你们家孩子呢？"

小时候，我的数学挺好，乘法表也背得很熟，没有任何问题，但我就是缺乏与别人竞争的勇气。就算在今天，如果让我参加一场比赛，那我也会本能地退到后面，心里想着："你们都到我前面去吧，我就待在后边。"我不喜欢竞争，不想争第一名，第二、第三也一样。总而言之，我至今也没得过什么奖，而小学二年级的乘法表比赛，我觉得可能就和我现在的态度有些联系。

出于乐趣和爱好，那时我参加了每一场预选赛。倒不是想赢，只是觉得尝试一下也挺好的。但基本上每一次预选赛，我都会碰上班里的"天才"，他们连题目都不用听完，就能知道答案。所以我基本上在预选赛就会被淘汰，顶多也就到过八强。

虽然这对我来说不算什么大事，但我却发现母亲很看重比赛。每次决赛开始前，她都会让我做大量练习，为下次预选赛做准备。她经常对我说："赢不赢没关系，但你要好好准备，这很重要，要尽全力展示自己。"我也不清楚她把这个比赛看得这么重要的原因。

我现在都还记得，一到比赛那几天，每次她来校门口接我，问的第一个问题就是"这次预选赛怎么样呀"？要是我过了预选赛，她会露出一副开心的表情，要是没过，那她就会说："那就下次吧！"说完就牵着我的手，加快步子朝车里走。我觉得，她是不想每次都被朱莉娅（班上数学"天才"）妈妈叫住，然后总是问她同一个问题："我家朱莉娅又过预选赛了，你家女儿呢？"

碰巧的是，那年的第三次比赛（通常每学年举办四次），经过一轮又一轮的淘汰赛，我最后进入了决赛。你们不用问我怎么做到的，运气正好来了而已。

进决赛时是周五，那个周末，家里的话题除了比赛还是比赛。妈妈为我准备了一系列练习，做到最后，我都不想思考，只能靠着感觉作答了。我乘法表背得很熟，但她一直重复地考我，我真的很受不了。

妈妈甚至为我准备了一段获奖感言，想着赢了就能用上，她要我感谢老师还有对手，说很高兴能取得胜利，但也很遗憾那些和我一样优秀，或是比我更优秀的同学没能走到这一步。现在回想起这些情景我都会笑起来，但当时真是这样。尽管不怎么情愿，我那时还是进入了决赛，还有夺冠的可能，因此整个周末我都紧张得要命。

星期一早上，终于到了决赛的日子，家里人提前 15 分钟就把我叫醒，起床做了些普通的练习，然后吃了一顿丰盛的早餐。妈妈出门时穿了件红色大衣，通常只有过节时才会这么穿，她在校门口亲了我很多次，我也因此知道了她多么焦虑，我的大脑就开始变得混乱，思绪也不清晰。

比赛要等上午 10 点半的课间后才开始，但我在第一节课就开始觉得身体不舒服。我浑身发冷，全身都在发抖，牙齿也跟着打战。老师发现后，便对我说："你发高热了呀！" 10 点钟时，老师打电话给了妈妈，让她把我接回了家。而马泰奥，我决赛的对手，则因为我弃权赢得了比赛。医生来看我时说："真是奇怪，小姑娘没有任何发热的迹象呀！先观察三天吧，看会不会有异常，要还是这样就得做检查了。"第三天，我身体恢复了正常，等回学校时已经是周一了，离我退赛正好一周。

从那以后，我再没进过八强，妈妈也再没穿过红色大衣送我上学。就在缺席决赛的那天下午，我好像还听到妈妈和爸爸打电话，她低声地说："咱孩子真可惜，她很重视这次比赛的，而且这次为夺冠付出了这么多努力。"然后妈妈好像还哭了，但也可能是高热把我热糊涂了。

缺席决赛对我来说真没什么，但让我非常遗憾的是，我辜负了妈妈的期望。从那时起，我再没想过参加任何形式的比赛，现在我想，或许这也并非毫无理由。

对自己有信心，把自己视作一个有能力处理自身学业、工作以及家庭事务的人，对确认以及建立自尊模型十分重要。知道自己有能力处理好社会角色赋予的责任和义务，会让我们感觉到，我们正逐渐接近自己在这个世界上的定位，我们也怀揣着目标，我们有自己的人生规划，我们是自己生活中的主角。

但当我们身处校园或职场时，做起来却并不简单。有很多人，他们在工作上很出色，但让他们对着国外分公司同事，做个简短的演讲或讲座时，或许他们就会陷入恐慌。同样地，有一些孩子，就算他们在笔试或口试[①]前一天复习了一下午，在面对考卷或老师时，或许一个字也写不出来，一句话也说不出来。更加难以理解的是，虽然有些孩子在班上成绩本来就很好，但他们会说，不到分数下来那一刻，自己也不知道考得好不好。如果一个孩子，抽出自己全是 8 分或者 9 分的成绩单，但就因为没有得到满分 10 分，还是哭得稀里哗啦的，这说明了什么呢？

---

① 在意大利以口试为主，小学口试满分 10 分，下同。——译者注

这说明父母严重影响了孩子正确看待学业的角度。

如何评价自己？

通常来说，老师的客观看法并不是影响孩子学业自尊的主要因素，重要的是孩子的主观想法。也就是说，关键在于孩子如何评价自己，能多客观看待自己的优点与能力，能在多大程度上接受自己的长处与短处。假如有个学生，他很擅长数学，但语文却远不及数学，那他的数学成绩可能就很优异，语文就会差一些。在学业上培养足够的自信，也就是能够接受自己在不同学科的成绩不一样，面对考试时能保持积极的态度，不会因失败而灰心。

提高孩子在学业上的自尊等级，是每个家长不可推卸的责任。为孩子的成功感到骄傲，在孩子失败时给予安慰，承认没有人会完美无缺，帮助孩子从错误中吸取教训，不要贬低失败的价值，也不要让孩子觉得失败无可挽回。这些都能帮助你们教会孩子，让他们对自己在学业上的付出感到满足，欣赏自己的努力，帮他们对自己的能力感到自信，有信心应对复杂的考试，实现心中的目标。

从这个层面上讲，很重要的一点就是，不要在与孩子交谈时，透露出强调与别人竞争的意识。要是有一天孩子告诉你们，他口试考了 8 分，那如果再刨根问底地问他，别的同学都考了多少分，这种做法除了愚蠢，还会对他造成伤害。遇到这类情况，只要让他感受到，你们在心里有一杆秤，知道他的表现有好有坏就行了。当然，要是这次他已经做得非常好，但还是没能冲到榜首，还是会有些落败感的。

同样，在鼓励孩子时，也不要总是向他传达"下次会做得更好"的想法。假如他已经得了 9.5 分，那跟他说还差一点儿能满分就完全没意义了。他也明白这个道理，他想听的是你们对他的成功感到骄傲，或许下次还真能考得比这次好。

孩子之间并非没有差别。有些孩子学得又快又好，自然而然就能取得好成绩，而另一些孩子即使很努力，也没有得到优异的成绩。在某些情况下，这些差距与特定的障碍有关，如学习或行为障碍（运动障碍、阅读障碍、多动症等）。而在其他情况下，尽管孩子没有类似的障碍，但比起同龄人来说，学得还是很吃力。因此，帮助他发现并重视自己的长处，让他知道在学科领域、生活技能之中，自己擅长的是哪些，就显得十分重要。

毫无疑问，孩子与老师的关系，也起着核心作用。但更重要的是，能让所有孩子得到家长和老师的认可和赞赏。如果双方间教育关系融洽，那就会形成一种默契，孩子没必要取得最优秀的成绩，但他会全力以赴，尽量做到最好。简而言之，对父母来说，更应该注意重视的是孩子学习的动力，以及对自身的积极态度，也就是说，他要相信自己能够应对学业上的挑战。

尝试自主

提高规划学业与学习的自主能力，也能具备高等级的学业自尊。一直以来，大多是家长准时督促孩子学习，有些父母偶尔会给人一种感觉：他们不是辅导孩子学习，而是和孩子一起学习，甚至代替孩子学习。在学业上拥有良好的自尊等级，也就意味着相信自己处理自身事务（包括作业和课程）的能力。这也是为什么，在小学和初中一年级时，帮他建立一种处理家庭作业（前两学年）和课程（第三学年以后）的方法，如此重要的原因。但这样做的目的，还是让孩子独立自主，不会再依赖我们给予学习上的陪伴，甚至是支持、监督与督促。

拥有良好的学业自尊等级，也就意味着可以自主学习，完成布置的作业，因为做好准备，尽到自己的责任，受同学和老师的赞赏，也非常重要。但如果只是为了不受批评，不被爸爸妈妈惩罚而这样做，那效果就恰恰相反。如果你们家中正好有这类情况（也就是说，每天下午你们都要和孩子折腾一番，督促他完成作业的话），那么本章节提出的建议，就能帮助你们，改变你们与孩子之间的现状。

父母担任的角色

在学校中，孩子对自我价值的评估，主要基于以下两点：一是在学业上获得的实际成果；二是教育者看待他们的眼光。

校方会呼吁父母配合学校工作，共同负责孩子的教育，这不仅是为孩子的利益着想，也是为整个教学环境着想。换句话说，家长不仅要为孩子提供具体的支持，在学习过程中陪伴孩子，还要让他们的学校变得更加"美好"。尤其是在孩子幼儿园和小学期间，家长积极参与学校活动，能够收获异于平常的教学体验。参加班里的聚会，在开园日和孩子摆个小摊，或是在班上表演节目，这些都能让孩子觉得，你们也想参与进来，想同其他家长一起为大家做出贡献。对孩子来说，创造课外共处交往的机会，也非常重要。与同学相处融洽，想在校外与朋友和老师见面，一同参加课外活动，这会让孩子在新环境中考验自己的能力。想要让学校更受孩子喜爱，父母的付出也至关重要——家长愿意亲力亲为，参与孩子的教学活动，可以让他们感受到大人的关爱，以及对他们的重视。

交流的艺术

接下来的两段对话，都与孩子考试失利有关。首先要知道的是，孩子考试失利时我们的反应，以及评价失利（不是我们

失利）时说的话，对他是否认为能够重整旗鼓，以后不会犯同样的错误，影响自己的表现来说，尤其重要。

反面教材

保罗垂着头回到了家中，英语考砸了。

"太遗憾了，"他在心里想到，"真的搞不懂……我明明复习了这么久……"

之前，负责给自己补习的碧翠丝还说："你准备得很充分，不用害怕，你会取得好成绩的。"

然而，在老师把试卷发下来那一刻，他像往常一样，大脑一片空白。他之前也想过，要是自己英语无数次都不及格，那他的父亲肯定会发火。

事实上，父亲现在手里就拿着试卷，保罗的动词时态都错了，老师也没办法，所以打了个"5-"[①]。

"这次你还是不及格，"父亲涨红了脸，严肃地说，"你怎么做到的？我就不明白了，你是有什么毛病吗？我又没叫你拿个10分回来，但至少得拿个6分吧。我跟你妈妈花这么多钱送你去补习，要你及格不过分吧。要是你初中英语都不过关，你还怎么学高中英语？我在你这个年纪就没低过7分，我还没像你一样整天都在学呢。要说你是在体育方面很厉害，我还能理解你，可你不是整天都抱着本书吗？你能解释一下这是为什么吗？"

看着保罗不及格的试卷，父亲的斥责像河水一般涌过来，

---

① 意大利的考试分数后会有加号和减号。——译者注

保罗却不知怎么回答。因为在心里，他也觉得自己就是个废物。尽管碧翠丝向他说过，他已经将英语语法烂熟于心了，但最后还是没能及格。那为什么他回房好好看看试卷，又能马上发现那些不该犯的错误呢？又是出于什么原因，当保罗坐在考场中，面对空白的试卷时，他的大脑就会宕机，整个人也会陷入恐慌，之前从碧翠丝那儿学得好好的知识，怎么想不起来呢？让他最气不过的，其实还是在他心里，已经承认了父亲说的话，当他需要鼓励时，得到的却是一无是处的批评。

正面教材

保罗低着头，看起来很沮丧，他注视着地板，将考卷交给爸爸签字，静静地等待暴风雨降临。

爸爸的眼神看起来很沉重，他不停地翻看保罗的试卷，看来，他这次也没想到会这样。爸爸专注地看了看试卷的第二页，也就是在那儿，保罗一个动词都没猜对。然后爸爸有些伤心地感叹道："哎呀，小祖宗，这第二页堪比战场啊。一个动词都没对呀，考试那天笔出问题了吧？写的全是错的。但碧翠丝不是在帮你补习吗？之前她也说过你这次做足了准备。这是怎么回事呀，我的小祖宗？"

是啊，这是怎么回事呢？保罗自己也没搞明白，听到爸爸这样问自己，他忽然感到一阵悲伤，然后就哭了出来，他的眼泪不停地流，已经说不出话了。这次考试失利就好像宣示着他一生的失败，而他也没办法接受。

爸爸立马将保罗紧紧地搂在怀里，说道："你心里其实也很难受吧？一直压抑着，也过得很糟糕吧？是不是题目有点太难了？"

保罗抽泣着，想试着回答："我当时太害怕了，我怕我又会错很多，不及格，那时候我什么也想不起来，现在我每道题都会做，但是已经太晚了。"

"那不就行了。重要的是做错后，要知道错在哪里，你已经把这次遇到的问题解决一半了，这样下次就不会再上当了。当然啦，想到自己付出的努力，这次的分数对你一定会是一次打击。但不要担心，下次你一定会进步的，然后给老师看看，这次只是小插曲而已。你知道，如果需要的话，下次考试，我也可以帮你复习。要是有什么不确定的，来问我就行了。要不咱们去买杯超大杯的奶油巧克力冰激凌？人生苦涩的时候，也只有甜品能给我们打打气了。"

看到父亲的反应，保罗有些说不出话来。他想到："爸爸真善解人意，我还以为他要骂我呢，结果是和我面对面交谈，还要买好吃的冰激凌鼓励我。好，下次我不会考砸啦，我有信心，到那时候，我们还要吃超大杯冰激凌，只不过下次就是庆祝了。"

引人深思

在第一段对话中，保罗不仅要面对付出大量努力，却没有通过考试的失落感，还要面对愤怒的父亲。父亲想通过羞辱让保罗做出反应，而且还把保罗同过去的自己比较，说自己以前当学生时有多聪明（孩子并不知道这是不是真的）。这样一来，孩子只会觉得自己很没用。父亲犯的错很多，而且这些错误十分普遍。这段对话非常典型，会对孩子的自尊造成严重的不良影响，因为这会让犯错的人否定自己，认为自己的存在也是一个错误。尽管爸爸也做错了，但还是单方面地一直数落保罗。保罗也会因为这一次失利，觉得自己就是个错误，觉得自己什么都做不好，也会失去自尊心。保罗一直很被动，他只是一味地遭受打击，认为自己没有能力面对失败。

但第二段对话却截然不同，文中的父亲虽然没有否认保罗考砸的事实，但他还是将保罗领到了不同的方向——他的话和他做的事让保罗重获了自信。当父母看到孩子考砸的试卷，还是将他视作"冠军"对待时，其无条件的鼓励，会让孩子产生下次加油的想法。真正的冠军其实也就是如此，将失败也当作自己的宝贵财富。当然，当孩子每一次都不及格，看起来并没有付出努力时，想要保持这样良好的态度还是很困难的。但碰到这种情况，最有用的办法还是要对他充满信心，秉持积极的态度，相信他会好起来，挺过困难，向自己和他人展示自身的能力。要让孩子觉得你们相信他的潜力，那么他也会尽自己的全力。这样做的最主要目的，还是维持他进步的动力。父母是孩子在学业上的后盾与支持者，但真正的主角还是孩子自己，渴望寻找新的方法以求进步，这是他们自己该做的事，不能由家长直接干预。面对失利，不知你们会做何反应的恐惧，并不是孩子心中主要的情感，最主要的还是因考砸而感到的难过，以及想从头拼过的想法。

测　验

阅读下面的问题，每人选择与自身最贴切的选项，将答案写在纸上，并按照 29~30 页的步骤完成测验。家长在回答时，要想到自己的工作，孩子则是学业。这里的工作也包括所有与家务和照顾家庭有关的职业。

	总是	经常	偶尔	从不
1. 在学业 / 工作上，我感觉良好				
2. 学业 / 工作会让我为难				
3. 我会尽力履行自己的责任				
4. 很多人不愿与我一起工作 / 学习				
5. 能够面对别人给予的考验				
6. 在工作 / 学业上，我觉得自己不够格				
7. 老师 / 上司（如果是自我经营，那就换成合作方）对我的评价很好				
8. 我觉得自己比其他人聪明				
9. 遇到问题时，我能想到方法解决				
10. 我会为工作 / 学业上的成就感到自豪				

分数

根据下列表格，计算自己的总分，并朗读对应的测试结果。

	总是	经常	偶尔	从不
1. 在学业 / 工作上，我感觉良好	4	3	2	1
2. 学业 / 工作会让我为难	1	2	3	4
3. 我会尽力履行自己的责任	4	3	2	1
4. 很多人不愿与我一起工作 / 学习	1	2	3	4
5. 能够面对别人给予的考验	4	3	2	1
6. 在工作 / 学业上，我觉得自己不够格	1	2	3	4
7. 老师 / 上司（如果是自我经营，那就换成合作方）对我的评价很好	4	3	2	1
8. 我觉得自己比其他人聪明	1	2	3	4
9. 遇到问题时，我能想到方法解决	4	3	2	1
10. 我会为工作 / 学业上的成就感到自豪	1	2	3	4

30~40 分：无比满足

毫无疑问，你能渡过任何难关。你有着出色的能力，在不同情况下，都能依靠它取得优异的成果。你不会在工作或学业上感到不适，你能用适当的方法完成交给你的任务，并发挥你的创新精神。有时候你也会挤出时间休息，好好放松一下。本章节会帮你更上一层楼。

20~29分：大体满意

你对自己的工作／学业感到满意，到目前为止，你也获得了很多不错的成就。有时你也会遇到失败或困难，让你情绪消沉，但最后你都能挺过来。总的来说，你会自愿去上学或是上班，当你无法单独完成什么时，你也不会害怕寻求别人的帮助。本章节会为你提供与家人沟通的机会，谈谈你在学业或工作上遇到的酸甜苦辣。

10~19分：疲于面对

你并不想上学或上班，但你会试着尽到自己的责任。有时，你会不得不做一些你并不了解或是十分辛苦的事。你想把所有都抛到九霄云外，但尽管不情愿，又通常会咬紧牙继续前进。本章节将帮助你表达自己的努力，并可能发掘在工作或家庭中可以利用的新潜力。

0~9分：有所不满

要是被你知道谁发明了学校和工作，你可能会骂他几句。在做交给你的事情时，你很少会有成就感或其他正面的情绪，你会觉得没人理解你，你被低估了，而你也没有能力改变现状。本章节能帮你理清一些思绪并从了解你的人那里得到一些有用的建议。

游戏与互动

百味菜单

时间：30 分钟。

类型：合作游戏。

受益指标：自我效能、安全感。

参与人数：2 人及以上。

建议年龄：4 岁及以上。

所需物品：

- 一张彩色卡纸；
- 草稿纸若干；
- 铅笔和橡皮；
- 签字笔。

游戏目标：向家人分享自己在外的经历与感受。

补充说明：建议在饭前进行游戏。

每位家庭成员轮流准备一份百味菜单，以告诉家人更多关于自己在学校或工作中的经历。你们可以问一下自己，在上课或上班时，平时是什么样的心情。将菜单展示出来，会以某种方式，向家人传达你们现在体会到的情感滋味。例如，一个孩子正在读五年级，他每天都感觉特别累，那他的菜单就可能会是：

● 前菜 ①

烤"脑花"

能量果汁

"耐心"卷

● 第一道菜

"单词"馅儿饺子

全蘸料"数字"

● 第二道菜

"比喻手法"流心蛋

"圆柱形"酱料肉饼

● 饭后甜点

巧克力奶油味的"周末假期"

在草稿纸上写下自己的菜单，然后将彩色卡纸对折，把每个人写好的菜单，工整地用签字笔誊抄在卡纸上，就像一般餐厅里的菜单一样，将其放在摆好餐具的桌子上。在所有人看过菜单后，互相讨论自己最感兴趣的菜名。但为了不分散大家的注意力，我们建议你们只准备一个主菜。

① 意大利菜分为前菜、第一道菜、第二道菜，以及饭后甜点。——译者注

我是……

时间：30 分钟。

类型：交流游戏。

受益指标：责任感，自我效能，接受自己的错误与失败。

参与人数：2 人及以上。

建议年龄：6 岁及以上。

所需物品：纸和笔。

游戏目标：在学校或职场时，试着站在教师或上司的角度看待问题，或尽力向他们说清你们的难处。在学习和工作上感到不适，会对学业及工作产生不良影响，得不到想要的成绩，而这样就是面对困境的绝佳方式。在家里扮演不同的角色，能够让你们从不同角度看待问题。

这个角色扮演游戏，对处理一些职场和学校的情形很有帮助。在下文中，我们列举出了一些场景，你们可以从中任选一个，所选场景与实际遭遇是否相似，都由你们决定。选好之后，叫上一位家人朗读所选场景，试着想象场景中两位主人公会如何对话，与家人进行一场即兴对话。对话中的语气、内容全由你们决定。

故事场景

1. **主人公：马泰奥和老师**。马泰奥的听写全错了，从一开始，纸上的错误和马虎就不计其数。马泰奥这孩子非常敏感，他一直都很努力，想把一切都做好，可惜结果总是不尽如人意。老师现在要把听写本还给马泰奥，告诉他听写的结果。

2. **主人公：爸爸和部门主管**。最近爸爸晚上很晚才回家，因为部门主管都叫他留下来加几小时的班。爸爸在那儿工作有段时间了，一直都努力做好自己该做的事。昨天他了解到，他所在的团队会因为公司经营不善，在家待业一段时间。因此，他对主管非常失望，并打算与其交谈。

3. **主人公：劳拉和妈妈**。数学一直是劳拉最大的噩梦，这周刚刚考了一次。她在考试前准备了一张小抄，上面写着数学公式，她原本不打算看的，只是求个心理安慰而已，结果因为题目太难，她就在考试时把小抄拿了出来，但还没等她看上一眼，老师就逮住了她，把卷子没收了。回到家后，劳拉要和妈妈说明发生的一切。

4. **主人公：妈妈和同事特蕾莎**。妈妈办公室里有个新同事，叫特蕾莎，来了已经有一段时间了。妈妈负责带一下特蕾莎，有些事她还不会做，需要妈妈教。但每次向她解释怎么做时，特蕾莎都会露出厌烦的表情，然后回答时也很不耐烦，就感觉妈妈在侮辱她的能力一样。这样下去，工作也不会有什么进展，所以妈妈决定试着去理解一下特蕾莎这么做的原因。

5. **主人公：卢卡和爸爸**。卢卡气冲冲的，一回家就开始和妹妹吵架，嘴里还不停地抱怨着，怎么什么都在和他作对。爸爸见状上前询问，是不是在学校发生了什么，卢卡却一时说不出话来。随后卢卡解释道，今天有门课的老师举行了口试，但他之前根本就不知道要复习什么。卢卡的成绩一直以来都很优异，他觉得这次是老师的错。然后就和爸爸讨论了起来……

6. 主人公：乔瓦尼和爸爸。 乔瓦尼最近开始工作了，他想为假期攒些钱。他才读完高中四年级[①]，成绩优异，想和朋友一起去国外玩半个月。但每天下班后，他工作的仓库老板，总是要他再做一些事，留他几分钟。乔瓦尼向父亲抱怨这件事情，说自己不想被剥削。随后父子俩就这件事开始了讨论……

几分钟（至少3分钟）后，停止游戏，并就刚才的对话，尝试展开讨论。如果刚才有家人在旁观察，那就先让观察者发言。下面是我们为你们准备的一些引发思考的出发点。

- 故事中的主人公，会产生哪些情绪？
- 在对话中，情绪是通过哪些话表现出来的？
- 可以用另外的话表现出来吗？如果可以的话，是哪些呢？
- 交流前，故事里的两位主人公想要的是什么？那交流后呢？
- 哪些话其实不应该说？
- 那怎么说会好一些呢？

---

① 意大利小学五年，初中三年，高中五年。——译者注

讨论后，你们可以选择换一组成员进行游戏，或者直接换一种情景再次游戏。当你们按照列表中的情景进行游戏，热身后，我们建议你们可以试着代入发生在某位家庭成员身上的，在工作或学业上遇到的真实情形中。你们可以讲述一件发生在自己身上的事（例如，你没能表达出自己内心想法的那一次），然后为家人分配好角色，与家人一起重现当时的场景。你们一定会受益匪浅。

能力树

时间：60 分钟。

类型：合作游戏。

受益指标：责任感，自我效能。

参与人数：2 人及以上。

建议年龄：4 岁及以上。

所需物品：

- 在 50 cm × 70 cm 的卡纸上画上一棵树（画法随意）；

- 纸张若干；

- 钢笔和签字笔；

- 剪刀；

- 胶水或透明胶布。

游戏目标：找到自己的长处，并用以帮助他人。

补充说明：这个游戏能让孩子初步了解"时间银行"[①] 这一社会现象。时间银行在一些国家有所推行，用以激活社区内部商品与资源的交换。如想进一步了解，可以在网上搜索，查看在你们附近的相关活动。

大树卡纸将会展示出你们全家人的长处，因此要把它挂在最显眼的位置。每位家庭成员，要选出自己能帮到家人的能力，主要是自己擅长并对其感到自信的事，并且必须是对共同生活的家人有益处的事情，比如说：

- 做作业；
- 玩宝可梦[②] 纸牌；
- 扔垃圾；
- 做好吃又健康的菜；
- 跳街舞；
- 饭前摆好餐具；
- 关窗户；
- 踢足球；
- 把玩具收好；
- 会上网搜索；

[①] 时间银行，是指志愿者参与公益服务，将花费的公益时间存进时间银行，当自己需要帮助时，就能从中取出"已储存的时间"，获得相应时长的帮助。其模式主要存在于居民小区，重点服务对象为老年人。在重庆、成都、南京、南宁等城市有部分推广。——译者注

[②] 宝可梦，日本动画形象，亦作神奇宝贝或宠物小精灵。——译者注

● 筹办聚会。

每人至少选择 3 项自己擅长的事情，如果可以，最好是在家里还没有展示出的长处。在准备的纸上画出树叶的轮廓，在里面写下：

（1）"姓名"（如王小明）

（2）"我的长处"（如做饭）

（3）"我很棒的证明"（如为全家人做一顿饭）

（4）"我能为家人做的事"（如准备一顿特别的晚餐）

写好后将"树叶"沿着轮廓剪下（这一步需要大人帮助孩子），贴在"树"上。贴好后，每人可以选择一张最感兴趣的"树叶"，与其主人讨论，定好时间和方式，亲身体验对方的长处。

推荐信

时间：30 分钟。

类型：交流游戏。

受益指标：接受自己的错误与失败，安全感，自我效能。

参与人数：2 人及以上。

建议年龄：6 岁及以上（6 岁以下的孩子可以用绘画的形式参与）。

所需物品：纸和笔。

游戏目标：知道别人对我们的看法，让我们充分了解，在家人眼中，自己在家里是什么样的。

先选定由谁开始，也就是说，选择一位家人，为他写一封推荐信，就像是找新工作时，原雇主为其写的推荐信那样。游戏时，"应聘者"正襟危坐，其他人找一处方便书写的位置各自准备好。

在写推荐信时，想象一下你们亲爱的家人要离家上学，或是出差远行的情形，其间，他必须寄宿在别人家中，但别人对他并不了解，所以想通过一番评估，决定自己是否要热情款待他。因此，你们要为自己的家人写一封推荐信，用语句描述他的为人，说明与他住在一起有哪些好处，当然，也许还有哪些坏处（需要注意的是，一般来说，每写一个坏处也至少要写一个好处）。

回想一下在家时，你们与他相处得怎么样，想一下他对家人的生活有什么贡献。

以下是可以写在信中的，某些方面的参考点。

- 性格如何（如偏激、开朗、活泼、慷慨等）；

- 在家会做什么，能帮到什么忙；

- 和他一起住，为什么很棒；

- 值得信赖与否（即对自己的事有多大的责任感）；

- 兴趣爱好是什么，喜欢什么东西，或喜欢做什么；

- 他会做哪些事情，比如说你们会叫他去办的那些。

20 分钟内为家人写出"推荐信",写完后直接交由他朗读,并谈谈知道别人对自己的看法后,有什么感想。之后也可以换人再玩一次。

才艺秀

时间:45 分钟。

类型:交流游戏,合作游戏。

受益指标:接受自己的错误与失败,安全感,自我效能。

参与人数:3 人及以上。

建议年龄:4 岁及以上。

游戏目标:扮演评委和才艺展示者,这两类不同的角色,能让你们明白,阐明观点有多么困难,以及促人进步与击垮信心的评价之间,又有什么区别。

那么,家庭才艺秀,正式开始。

第一轮:每个人必须在家人面前,展示自己的一个才艺。首先,选择最能证明自己,最有自信的才艺。可以是艺术才能(如唱歌、跳舞、朗诵),也可以是自己学会的才艺(如倒立,射击,10 秒内背出乘法口诀,列举出所有的中国省会城市等 ①)。除表演者外,其他人充当评委,在每个人表演完后,至

---

① 原文"说出欧洲各国首都",但本书受众为中国家庭,因此在这里做了等概念调整。——译者注

少给出以下三种评价。

- 就表演效果来看，1~10 分，可以得几分（1 分表示失望透顶，10 分表示精彩绝伦）。

- 就努力的程度（不考虑表演效果）而言，1~10 分，可以得几分。

- 提出一个改进的建议。

所有人表演结束后，接下来就进入第二轮。

第二轮：在本轮中，由家人决定你们要表演哪项才艺。建议选一项与第一轮不同的才艺，并在这一轮的表演中展示出自己的特点（当然啦，让五音不全的人唱歌可不行），同时，能在新事物上认识自己，面对与自己能力相当的挑战，但这也并不意味着就不打分了。在每个人才艺表演结束后，评委团按照第一轮的模式打分评论。

最后，每个人轮流向家人阐述，自己对这两轮的结果感觉怎么样——什么时候最紧张，有什么感受，对评委有什么想说的，从收到的建议中学到了什么，等等。

抽屉中的梦想

时间：每人 15 分钟。

类型：交流游戏。

受益指标：接受自己的错误与失败，自我效能。

参与人数：2 人及以上。

建议年龄：6 岁及以上。

游戏目标：增强规划自己人生的能力。对孩子来说，采访你们的看法也很有趣，因为这能让他们具体地体会到，面对现实的同时，耕耘梦想的意义所在。

选择一名采访对象，询问他抽屉中的梦想 ① 是什么，一生中最想做的又是什么。孩子们可以围绕自己的喜好与长处，试想一下，自己长大后想做什么工作。而大人则需要思考，哪种工作做起来最能让你们得到满足。也许，你们现在从事的行业，与自己的梦想完全不同，或只是非常接近，但你们依旧渴望着，能发生一丁点儿的转机。

说出答案后，假设受访者已经实现了自己的梦想（可以是著名的足球运动员、有名的作家、厨师、优秀的机械师、宇航员，或者是育有很多孩子的母亲……真要想说都说不完），并代入自己的角色。如果想变装的话，也可以穿上对应的职业装。

接下来，换家庭的其他成员，或是派一名代表，简短地采访一下"成功人士"，以加深对他的了解。受访者要站在梦想职业的角度，回答采访中的问题。例如，你选择的是当一名著名的足球运动员，那就可以说训练有多艰苦，和球迷的关系怎么

---

① 即以前的梦想，或别人还不知道的梦想。——译者注

样，什么时候开始踢球，等等。要是不知道也没关系，发挥想象力，总能想出自己的答案。

我们在下文中列出了一些问题，以供参考，你们也可以根据自己的想法添加或修改问题的内容。问完问题后，记得给受访者掌声鼓励。

之后，你们也可以采访其他家庭成员，每个人都可以扮演不同的职业，重复这个游戏。

问题列表

（1）这份职业的哪一个方面是你最喜欢的？

（2）你身上的哪些品质对你的帮助最大，让你实现了自己的梦想？

（3）追梦的途中，你经历了哪些磨难？

（4）在工作中，你觉得自己最擅长的是什么？

（5）你的同伴对你有什么看法？

（6）你是在什么时候想明白，这一生都想从事这个工作的？

（7）这些年有遇到过让你很开心的事吗？

（8）对那些跟随着你的脚步，以你为榜样的人，有什么想说的吗？

（9）当你早上醒来，想到你的工作时，你会第一时间想到什么？

（10）你最想感谢的人是谁？

电影推荐

《世界上最美的学校》（*La scuola più bella del mondo*）

导演：卢卡·米涅罗

上映时间：2014 年

制片国家 / 地区：意大利

片长：90 分钟

类型：喜剧

我们的评价：老少咸宜。

适龄范围：8 岁及以上。

电影关键词：融入集体，师生关系，同学关系。

电影相关：意大利锡耶纳省的蒙特普尔恰诺镇，是本部电影的主要拍摄地。其导演卢卡·米涅罗因电影《欢迎到南方》大获成功，为大众所熟知。

剧情简介：意大利北部有所学校，其校长与市局官员商定，想邀请一群非洲贫困国家的学生，以获得青年节比赛的冠军，但由于邮递时出了一些差错，邀请函并没有寄到加纳的阿克拉①，而是到了坎帕尼亚的阿切拉②。当受邀方老师带着一群古怪的孩子来到北部的这所学校时，才知道邀请函寄错了地方。

观看理由：虽然故事情节的发展有时都在预料之内，并且影片中的意大利南北文化碰撞也是大同小异，但不管怎样，这依旧是部非常有趣的电影。在影片中，导演探讨了当今意大利学校的一些弊端，讲述了教育存在的问题和缺陷，这些缺点都非常贴近现实。但除了对缺点的指责，电影中还体现了人为因素的重要性，尽管也具有一定的局限性，但在人为努力下，还是将无法忍受的教育现状维持在稳定的状态。这部影片似乎是说：尽管学校问题百出，还有官僚制度强加给学校的僵化规定，校领导和老师也有各种缺点。但无论如何，在教育中还是留有一处得以喘息的空间，让师生创造美好的事物。都说人定胜天，这里的"人"也是指孩子们、同学们，在任何情况下，他们都能起到关键性的作用，改变不堪的教育体制。总的来说，这部影片刻画了一幅夸张搞笑的校园画面，但又能使人反复回味，传达了"车到山前必有路"的乐观态度。

看完之后：轮流讲述自己喜欢学校的哪一点（大人可以回想一下自己在义务教育阶段的经历）。

---

① 加纳，非洲国家，阿克拉为首都。——译者注
② 坎帕尼亚，意大利南方大区，相当于中国的省级行政区，阿切拉为其中的城市。——译者注

《卡特教练》(*Coach Carter*)

导演：托马斯·卡特

上映时间：2005 年

制片国家 / 地区：美国

片长：136 分钟

类型：剧情

我们的评价：老少咸宜。

适龄范围：10 岁及以上（在大人的陪同下观看）。

电影关键词：激励，教育，潜能。

电影相关：本影片由真实事件改编而成。

剧情简介：肯·卡特是一所学校的篮球教练，这所学校的学生都来自贫民窟，他们不爱学习，常常有人会弃学。新教练卡特向他的队员提出了一个非常苛刻的要求——要想留在篮球队打球，只擅长打比赛还不够，文化课的平均分也要高。这个要求招来了篮球选手、他们的家长和老师，以及所有人的抗议和反对，而卡特教练，就算是所有锦标赛都参加不了，也依旧没有妥协。

观看理由：本片的主角都是已成年的年轻人，但因为卡特教练遵循的理念有很强的教育意义，所以还是建议全家人一起看看这部电影。卡特教练做事很强硬，有时甚至会硬派过头。他总向大家提很多要求，有时真的特别多，并且不接受任何偷懒、走捷径的行为。看电影时，有时都想跳进电影里对他说："这太过了吧！队员会疏远你的！你会打击他们的积极性！"但他却毫不动摇，依旧极其严苛，看到最后，所有人都不得不承认，在他如此严格的要求背后，确实有他的道理：这些运动员确实具有巨大的潜力等待开发。这也是我们推荐这部电影的原因——有时，护犊的想法会让我们对孩子的要求过少，让我们降低要求，像对待婴儿般对待他们、溺爱他们。《卡特教练》则向我们展示了一个道理，教育也需要勇气、牺牲和坚定。例如，学习和完成作业，对孩子来讲十分重要，他们要在其中获取安全感及自主能力。父母必须要懂得，做一个好"教练"，不应该害怕察觉和发掘每个孩子内在的潜力。

看完之后：轮流讲述一件事情，那时你们因某个人提出的苛刻要求，不得不付出额外的精力去做好某件事，例如，老师让你去做个调查、老板又给了一个新任务、一次体育比赛、一次非常辛苦的训练，等等。向其他人说明那件事最后怎么样了，以及你们自己的感受。

《小王子》(*Il piccolo principe*)

导演：马克·奥斯本

上映时间：2015 年

制片国家 / 地区：法国

片长：107 分钟

类型：动画

我们的评价：不容错过。

适龄范围：5岁及以上。

电影关键词：亲子关系，自我评价，学会思考。

电影相关：本片改编自安东尼·德·圣－埃克苏佩里的同名小说《小王子》，这本书被誉为法国20世纪最佳书籍。在全世界，除了宗教类书籍，《小王子》是翻译版本最多的作品。导演选择了两种叙事手法：一是用三维动画讲述主角小女孩和邻居老爷爷在现实生活中的故事；二是通过定格动画，用不一样的风格，讲述小王子的故事。

剧情简介：有个小女孩和母亲搬到一所名校旁居住。望女成凤的妈妈为小姑娘设计了非常细致的学习生活计划表，希望她能在学校取得优异的成绩，不会在一些琐碎的事上浪费时间。但邻居老爷爷在小女孩的书桌上，留下了一篇神秘的日记，这引发了小姑娘的兴趣。小女孩与老爷爷的友谊，让她不再单纯地完成妈妈制订的计划，而变成了一个探索者，探索生活中的各个方面，以及其中的幻想。

观看理由：不管是大人还是小孩，这部电影都能深深地触动你们的内心。但因为这个故事我们所有人都读过，有些人甚至读过很多遍，所以可能会有些迟疑，并不想再去看一遍电影，但这部影片以原书那古老而深层的智慧为基础，塑造了一段全新的、当代的故事。这部电影对大人也有启示，即当一个合格的大人到底意味着什么，以及在养育孩子的过程中，哪些才是能让孩子真正面对生活的重要方面，才是我们该费心的地方。

影片中也指出了学校和教育体系的缺点，这里只强调知识、习题、活动的量，从不给学生思考、培养自身创造力和想象力的空间。奥斯本导演为《小王子》原本传达的信息，赋予了新颖且强有力的叙事内容，深刻揭示了当今社会的疯狂，以此成功征服了所有观众。他向大家传达了重要的信息，帮助大家重新找回，包括学习在内的，任何事物的深层意义。

看完之后：向家人讲述一位曾经帮助你学会思考的老师或教授。家中的小朋友可以简单说说自己认为最好或最喜欢的老师。

第三章 | 成为集体的一员
家庭环境中的自尊

两个优秀的哥哥

我有两个哥哥，小时候母亲对他们疼爱有加。在我看来，母亲从来都不怎么喜欢我，或者说，至少没有像喜欢两个哥哥那样喜欢我。我们家兄妹三人，一个"常胜将军"，一个"聪明绝顶"，而我是"长袜子皮皮"[①]，家里人都这么叫。的确，要是现在去翻以前的合影就会发现，三人站在一起，就像是一份水果拼盘，各有不同——我们的性格、外表、脾气，还有梦想，都不一样。大哥保罗，人高马大，痴迷体育运动，要是给他一个足球，他能踢上一个下午。二哥马可，他总是在思考着什么。大哥每次参加体育比赛都能夺冠，二哥则是成绩优异，每次考试都能考得很好，成绩单也会被妈妈拿去在亲戚邻居前炫耀。所以妈妈很满意大哥的体育成绩，也因家里有个全班第一感到自豪。

你说我？我就是那种谁都看不出有什么特点的人。当妈妈

---

① 欧洲有名的文学人物，指代邋遢的女孩子，效果等同于中国的"邋遢大王"。——译者注

谈到我时，三言两语就能说完，其实我的成绩很普通，我虽然从来没得过满分，但也没有不及格过。我就是那种老师看了，就会说一句"孩子挺聪明，就是要加把劲儿"的学生。因此，每次妈妈从家长会回家，都会淡淡地说："没事，我知道你不像马可，不能在学业上达到我的期望。"

在运动方面也差不多。不管什么比赛，保罗都能拔得头筹，家里人也都变成了他的后援队，一直陪着他。至于我，小时候游过泳，中学又转去打排球了，高中就没参加什么运动了。中学时期，父母看我比赛的次数用一只手都能数得过来。他们一般会拜托莫妮卡的妈妈陪着我去比赛，莫妮卡是我的朋友，也是陪我参加各种运动项目的队友。

"星期天我们要陪保罗参加滑雪比赛。"爸爸妈妈对莫妮卡的妈妈说道，"教练说，保罗这次可能又要拿冠军。你介意米凯跟你们一起去排球比赛吗？"

莫妮卡的妈妈很关心我，她也向我证明了这一点。因为父母对我漠不关心，我为此闷闷不乐，而莫妮卡的妈妈却一直惦记着这件事。有一次，她甚至对我说："你妈妈真该来看看你，这样才知道自己家的女儿原来是'排球冠军'。"

父母很少来看我比赛，更倒霉的是，他们来看的是我为数不多输掉的那几次。或许是我知道他们在看我，人过激动，在赛场上就发挥得很差。那几次比赛结束回家后，妈妈都试着安慰我说："你已经很棒了，输掉比赛的确很可惜，或许下次就能赢了。"当然，这话说出来，她是第一个不相信的人。所以一直

以来，她都没和别人提起过我参加的体育比赛。

那时我觉得，自己就是家里的丑小鸭，现在想来，或许我的童年，以及青春期都对自身抱着这样的想法。后来我上了大学，毕了业，做我该做的事。我和父母的关系也一直很好，但每当我看到妈妈对哥哥们打招呼、拥抱他们时，我都会不禁注意到，妈妈对我那么冷淡，那么遥远。当她看向我时，她视线的焦点并没有真正放在我的身上，仿佛我在她眼中十分模糊一般。也对，毕竟我这个女儿也一直都在她期望的焦点之外。

去年，我写的诗《我迷失于雾中》得到了一个文学奖项，终于上了一次报纸。应该是有人告诉了我妈妈，所以她才打电话说："真棒，你得奖了！"但我觉得这并不是她第一次知道我得了奖，但却是第一次打电话过来。

我想，她可能会让我读一读我写的那首诗。我可能还会对她感到些许抱歉，因为她可能会发现，我诗中写的"雾"指代的就是她。但从另一个角度想，我还是想让她读一读，毕竟是我费尽心思写出来的诗，别人看到后都称赞有加呢。

我拿着手机，等着她说出那句话。结果她却说："你知道吗？马可得了奖学金，要去申请的美国大学交换一年了。他又考了第一名哟！"

接着，妈妈又至少跟我说了五分钟的马可，说完后就把电话挂了。那时我哭了，泪水默默流下，而她在电话另一边，什么都不知道。

对所有人来说，在外面遭遇严寒时，家应是避寒的温暖小窝；当失去干劲，面对大大小小的挑战，对自己感到不满、不自信时，家应是给予鼓励的加油站。

比如，在公司部门经理开完会后，知道我们可能会被辞退，闷闷不乐地离开会议室，或者稍微超了点速，就被开了张罚单，又或是知道我们的孩子在学校做错了题，被老师狠狠地骂了一顿。回到家中，要是有个能够倾听的人，向他倾诉我们的悲伤、失望与落魄，倒一倒苦水，想发泄多久就发泄多久，就能让我们转换一下心情，心情会从阴变晴，甚至还能变得愉悦。另外，家庭也应作为"健身房"，让我们锻炼自己的"肌肉"，以面对门外的生活，这也正是我们在本章测试环节中想要强调的一点。因此，本章的内容尤其重要，特别是对孩子来说。而第一个要问的问题就是，在多大的程度上，孩子会觉得家是安全的港湾，并能在家中得到安慰，以面对在外碰到的困难？

需要关注的孩子

孩子有一项最基本的需求，那就是你们的关注！他想要充满关爱的目光，一双懂他，让他感觉受人重视、受人欣赏的眼睛。父母是孩子最亲近的大人，早在他生命最初的几个月，原生关系[1]的基础就在孩子心中确立，在此基础上，他们会参照某

---

[1] 家庭心理学术语，即孩子刚出生不久，最初与监护人相处时的经历。

些同父母的互动，并将会影响他们一生。

　　"要是我碰到麻烦，或是感到危险时，我该怎么办？"孩子只有几个月大时，还不会想这个问题。但当他重复经历了一些事情后，就能自己隐约得出答案。在成长过程中，孩子心中的疑问会变化，但他一直想得到的回答不会变，他想要能让自己安心的答案，即使父母不在身边（如在学校时），也能感受到他们的呵护。父母越能读懂孩子的需求，并做出合适的回应，孩子就越能有所准备，带上装满技能的"行李箱"，去探索外面的世界，应对未来的困难。因此，家庭是安全感的源泉，每位家长都应该以自己的风格和特点贡献力量，建立这样的家庭。

　　但可惜的是，事情可不会总那么顺利。对成长的孩子来说，感觉自己被自身的榜样所忽视，甚至拒绝，是件非常痛心的事情，这会让他们迷失方向。而且这种事发生的次数，比人们以为的都多。很多孩子很脆弱，是因为父母也很脆弱。孩子夹在父母之间停滞不前，因为他们也没弄清自己的身份，不知道自己在世上的定位，所以经常会碰到麻烦，疲于应对。研究伴侣与家庭的专家就指出，很多成年人与另一半在一起，都还不明白自己的定位，不知道这一生追求的是什么，就当上了孩子的父母，这种情况其实并不少见。

　　因此，只是作为伴侣或是父母，而没有把自己的生命投向更大的责任中，会在这些人心中留下更多的疑惑。为了让孩子得到关注，需要成熟并足够稳重的成年人，需要能与孩子交流、面对问题并懂得化解矛盾的成年人。

要是家里的大人光是处理自己的事情就很难，那作为他们的孩子，确实是一件不容易的事。要是在某种程度上，你们也遇到了类似的麻烦，那找回状态，在心中为孩子腾出一些位置，时刻想到他，就显得尤为重要。

如果你们意识不到自己在亲子关系上的问题，那孩子就可能会变得消极，在如此复杂的条件下，可能会被我们忽视。只有我们，才能把他们重新置于我们关注的焦点。总而言之，他们就像插着"天线"一般，什么都看得见、听得懂，还能察觉到身边人的情感变化。当我们把他们送进另一个房间时，认为他还太小，什么都听不懂时，他其实都懂。所以，我们也应尊重孩子，认真地与他们相处。

的确，当家里碰到麻烦时，他们理应不受其影响，但这并不意味着要欺骗他们，把他们当作毫无作用的人。因此，对我们来说，重要的不仅是学会观察，知道他们内心藏着苦痛，如果他们真的心事重重，那不断体贴他们，让他们说出自己的心事，也变得尤其必要。

你眼中有我，我眼中是你

让孩子觉得，自己处在父母关爱的中心，并不是说要为了他，就完全不顾我们自身的生活，但也不能把它当作一个应酬，塞进满满当当的备忘录中，让孩子来适应你的节奏。有多少孩子等着爸爸能抽出 10 分钟，陪自己玩呢？有多少孩子，大多都是孤零零地一个人吃饭呢？又有多少次，大人有更要紧的

事，然后没能参加学校的庆典，甚至是没能参加孩子的生日派对呢？

我们与孩子的关系如何，是他长大后面对生活、保持安全感的首要元素。父母用情、用脑、用心地"关注"孩子，能让他们在长大后，从我们的视角看待今后遇见的人，审视他人的想法与内心。真正关注一个孩子，并不是说将自己的期望寄托在他的身上，然后把他当作实现自身愿望的工具，不是每次一考差就指责他，而是要给予他可能性，让他始终做一个，或是将来能成为一个独一无二的人。

此外，家还是孩子的避风港，他们在探寻世界时，从这里出发，又向这里返航。他们是在家中学会了相信别人，学会在必要时，给予帮助或寻求他人帮助。他们在家中的经历越是正面向上，越能获得安全感，那他们就越能以充满希望与包容的视角和心态，面对周遭的事物。

调查显示，在刚出生的几个月内，孩子所习得的行为方式，可能对他接下来的人生影响深远。因此，家庭这个集体有很大的责任，因为孩子就是以家庭为基础，树立起对自己的身份认知。但研究也指出，想要改善亲子关系，永远都不算晚，只要运用全新的方法与资源，就能改正带来困扰与麻烦的潜意识行为。解铃还须系铃人，改变的第一要素，依旧是亲子关系，要让孩子感受到你们的关爱。

养育小孩，其实就是让他感觉到你们的关注，教他观察别人需要什么。一个有名的儿科医生说过，教育孩子的最好办法，就是让他意识到别人的需求。这能让他尽快走出先天的自我中心意识，就算是在一些小事情上，也能学习如何与他人相处。

回想过去

父母以前也是小孩，做得也有好有坏。我们大人的经历，是陪伴我们教育之旅的行李箱，因此需要考虑箱子里有什么。也就是说，尽管可能会发现自身的某样不足，但也要看看自己会做什么。作为称职的父母，或退一步讲，想成为称职的父母，是一个实现自我满足，增强自信以改变现状的重要机会。将不好的回忆抛诸脑后，然后书写新的篇章，调转方向，去探索属于自己的、高效的教育方式，这些都有可能做到。如果家里的大人能各尽其责，生活在这样的家庭中，对大人和小孩都有好处。本章节能为你们提供切入点，让你们从强项出发，改善自己不擅长，可能在孩子眼中没那么权威的领域，发掘自身作为父母的天赋。

交流的艺术

在家里，父母与孩子每天都会建立友谊，做出决定，化解矛盾。每个家庭成员，无论好坏，各自的需求也很独特，需求会随着孩子的年龄变化，发生很大的改变，而同时满足这么多的需求也是一件不简单的事。下面，我们将会列出两个例子，

都发生在家里的饭桌前。

保罗和安娜，以及他们的两个孩子，9岁的马泰奥和5岁的劳拉，一家人在餐厅吃饭。马泰奥加入足球队已经快一年了，最近还参加了队伍的正式比赛。起初，要去训练时，他总是很积极，但最近出门收拾运动包时，他总是抱怨个不停。妈妈试着问过他，为什么他当初的梦想成真后，现在却变成了麻烦。所有的比赛爸爸也都陪着他去，还会毫无保留地给他提供建议。马泰奥安静地听着。他知道自己不是冠军，至少现在还不是，但他一直都竭尽全力。

吃完第一道菜，正在上第二道菜的间隙，马泰奥突然说："我不想踢球了！"

反面教材

所有人都难以置信地看向马泰奥，包括妹妹劳拉，妹妹马上说道："你不是说要去国际米兰踢球吗！你还说要带我去球场看你比赛！"

妈妈："你不是在开玩笑吧？我为了陪你，把上班时间都调整了……"

爸爸："发生什么事了吗？怎么就不踢了？"

马泰奥："没什么，就是不喜欢了。"

爸爸："你不喜欢了？这是什么意思？我有时候也不喜欢上班呀，我还不是每天照样上。你以为我和同事待在一起就很容易吗？总不能一遇到困难，就直接撂挑子吧。要是发生了什么事，就说出来，否则大家会觉得你吃不了苦，不想训练。"

马泰奥："真没什么……我可能没这天赋……我觉得自己踢得不够好。"

劳拉："可我觉得你踢得超级棒呀！"

马泰奥："你闭嘴吧，你一点都不懂足球。"

劳拉哇地一下哭出来，说："你骗人，你之前说我射门很厉害的。妈妈，你是不是也听哥哥这样说过？"

妈妈："马泰奥，马上给妹妹道歉，然后给我们好好解释解释！"

马泰奥："对不起，妹妹。我真的不知道为什么，我现在训练根本就提不起劲儿。"

爸爸："这就是成年人的世界。不管做什么，可都不是过家家。依我看，你肯定是因为什么事情被教练骂了吧，你选择了退缩，而不是给自己打气，鼓励自己能做得更好……但退缩是没用的，你知不知道。事情不如愿的时候，你可不能临阵脱逃。"

马泰奥："教练说我们就是烂泥，根本扶不上墙，而且相同的话对我说了很多次。"

爸爸："这有什么问题吗？那就说明你们还不够努力，他是想激励你们。"

劳拉："'激励'是什么意思？"

妈妈："好了，劳拉，听爸爸说，这不关你的事儿。"

马泰奥："我很怕教练，他跟我说话时，我大脑就会一片空白。"

爸爸："那你就跑得更卖力点，踢得再好一点，给他看看你不是半吊子。我看过你比赛，就感觉你总是很怕别人。"

马泰奥："我已经尽全力了。"

爸爸："我觉得，首先你得停止抱怨，然后下次更努力点。我要是你教练，我也要对着你吼，让你把怒火发泄出来，你要在赛场上更凶一点！"

劳拉："你对我就总是很凶。"

爸爸："劳拉，你再不闭嘴的话，那我也要凶你了！好，这件事就说到这儿了，你俩都消停会儿，我要看电视新闻了。"

正面教材

劳拉："什么？！你不想拿足球冠军了吗？"

马泰奥："你闭嘴。我在跟爸爸妈妈说很重要的事。"

妈妈："马泰奥，你是哥哥，好好和妹妹说话。你说的话把我们都吓到了。"

马泰奥："好吧，对不起，劳拉，但她总是喜欢插上一嘴。我想说的是，我不想去训练了，我决定不踢球了。"

爸爸："这个决定很重要。在做决定前，我们想知道是不是发生了什么事。"

马泰奥："没什么，就是不想踢了。"

爸爸："之前你求了我和妈妈好几个月，我们才让你申请的球队，妈妈还为了陪你调整了上班时间。你那么喜欢足球，而现在你对我们说，不想踢了，都不想解释一下吗？我猜，是不是因为教练的事？"

马泰奥："不是……好吧，就是教练经常对我们大吼大叫，说我们烂泥扶不上墙。他一直这样说我，搞得他跟我说话时，我大脑都是一片空白的。"

爸爸："那我有些明白了，你再说详细点，教练总是这样对你们吗？"

马泰奥："也不是吧，偶尔会这样。每次骂我们，他都非常生气，嗓门也很大。"

妈妈："那你们一个队的队友呢？"

马泰奥："我觉得他们应该也有些怕，但我也不确定。也没人说过什么，有些人看起来挺坚强的。"

劳拉："马泰奥，你就不要去那儿踢了，你就留在家陪我玩儿，让我射门。"

爸爸："哈哈，这也是一个办法，但首先要处理好这件事。既然你喜欢一样东西，那就不要试都没试过，就觉得改变不了，然后轻易放弃。"

马泰奥："那怎么改变呢？我不想你们跑去找教练说什么，那我可真的成了'烂泥'，只能靠父母出头！"

爸爸："我也赞同你的想法。所以，最好是你本人去和他说。"

马泰奥："什么？爸爸，你在说什么啊！教练以前挺喜欢我的，但开始踢比赛之后，就全都变了。"

妈妈："我觉得你也可以写一封信，告诉他你在训练时的感受。"

爸爸："我觉得可以。我向你保证，要是你不满意他的回答，那我们就给你找一支新的队伍。"

妈妈："如果你愿意的话，写信时我也可以帮帮你。"

马泰奥："哎！你们可真能给我添乱！"

爸爸："我们知道你的为人，也认同你的价值。我相信，写信会让你看清自己的想法。不管之后你做何决定，你也会越来越好。"

劳拉："还有我，你要是想的话，我还可以帮你画一幅画给你们教练！"

马泰奥："是啊，画一颗粉红的爱心，这样他可能就会少骂点我们了。"

引人深思

在第一段对话中，父母忽略了马泰奥的不安，没有给他倾诉的机会，并且没有重视他内心的伤痛。父亲甚至让马泰奥把怒火发泄出来，在比赛中表现得更凶一点，去迎合教练的喜好，不要再对自己感到沮丧。而在马泰奥看来，他心中的伤痛，却是另一个样子。他的内心被各种情绪所困，因为尽管他已经在训练时全力以赴了，他仍觉得自己没能力，很没用。矛盾的地方就体现在这里，正因为他很努力，所以才会怯场，怕自己失误，就会让教练觉得他非常没自信。在第一个例子中，父母与孩子间的对话根本没有作用，没能帮助马泰奥找到解决问题的方法。

在第二段对话中，恰恰相反，爸爸马上就充分体会到孩子的心情，并找到一个让孩子自己参与进来的解决方法。父母帮助孩子主动解决问题，同时交给他一件能够胜任的任务，给予他帮助，让马泰奥自己去改变，至少能试着去改变现在遇到的困境。这两个例子启发我们，当遇到阻碍时，尽全力克服它，一直都是最有效的方法。而装作没有困难，一味地逃避只会让人更软弱，最后被遇到的难题牵着鼻子走。

对你们来说，家有多么安全？在家中，又与家人分享过几次自己在外面的经历？

要积极交流，特别是在午餐或晚餐时，是很宝贵的交流机会。要是孩子从小就能耳濡目染，看见父母在讨论今天做了什么，遇到了什么样的事，他们也能养成这个习惯，知道在家里无话不谈；知道在家里，所有人都彼此在乎，并参与到了对方的生活中。但如果吃饭时有太多干扰，比如广播、电视、手机和电脑等，那上面所说的一切都不可能发生。这些娱乐设施会让人分神，用于倾听的注意力就会特别有限，也就不能创造人人敞开心扉的合适氛围。

测　验

阅读下面的问题，每人选择与自身最贴切的选项，将答案写在纸上，并按照 29~30 页的步骤，完成测验。

	总是	经常	偶尔	从不
1. 我觉得家人很爱我				
2. 其他家庭成员待我不公				
3. 我觉得家人很欣赏我				
4. 我想和别人交换家庭				
5. 和家人在一起很开心				
6.（父母回答）我孩子不喜欢我待在他们旁边 /（孩子回答）我爸妈不喜欢我待在他们身边				
7. 我们家既温暖，又好客				
8. 不在家时，我感觉更好				
9. 我是家里重要的一员				
10. 家人一点儿都不懂我				

分数

根据下列表格，计算自己的总分，并朗读对应的测试结果。

	总是	经常	偶尔	从不
1. 我觉得家人很爱我	4	3	2	1
2. 其他家庭成员待我不公	1	2	3	4
3. 我觉得家人很欣赏我	4	3	2	1
4. 我想和别人交换家庭	1	2	3	4
5. 和家人在一起很开心	4	3	2	1
6.（父母回答）我孩子不喜欢我待在他们旁边 /（孩子回答）我爸妈不喜欢我待在他们身边	1	2	3	4
7. 我们家既温暖，又好客	4	3	2	1
8. 不在家时，我感觉更好	1	2	3	4
9. 我是家里重要的一员	4	3	2	1
10. 家人一点儿都不懂我	1	2	3	4

30~40 分：温暖小窝

家对你来说是安全的小窝，每次生活缺乏安全感时，你都能在此躲避。你很高兴待在家里，你能感受到在其他地方没有的呵护与尊重。家是你最好的出发点，也就是说，你已经准备好展翅高飞，去探索外面的世界。可能你以前就和家人经常玩耍，经历了一些美妙时刻（就像本章节游戏能提供的那样），感受到了归属感。那么在本章节，将会让你踏上充满感情的旅途。对你来说，也会是一段美妙的经历！

20~29 分：避风港口

你大多把家当作为避风的港口，家庭是让你重整旗鼓的地方。有时回到家中，你能得到想要的安慰，但有时则不尽如人意，需要一些时间才能获得慰藉。你对家庭的感情很深，也爱它的某些缺点，因为它总是能保护你。本章节会帮助你，让你的"避风港"更加美丽。

10~19 分：家如旅店

有时，似乎家里人都忙于工作，很少聚在一起，更不会交流最近过得怎样，似乎你也找不出让自己稍微上点心的人。尽管不是大多数时候，但你觉得自己并不喜欢家里的有些事，会让你很不舒适。本章节或许就是一个契机，让你们能互相聊聊在外的遭遇，也许是时候将这间"旅馆"翻修一下了。

0~9 分：深夜码头

或许你和家人，正经历一段艰难的时期，因此，你在家里肯定很难有安全感并感受到家人的呵护。这就像是在深夜码头闲逛一般——你找不到方向，觉得自己很危险。你们同住在一个屋檐下，但缺少一同度过的欢乐时刻。你们不会拥抱对方，或许也没说过几句话。加油！想改善现状的话，永远都不算晚。本章节来得正是时候。如果你们好好地利用它，认真做推荐的亲子游戏，不管是大人还是小孩，都能有意想不到的收获。

游戏与互动

自制座位卡

时间：30 分钟。

类型：交流游戏。

受益指标：归属感、安全感。

参与人数：3 个及以上。

建议年龄：4 岁及以上。

所需物品：

- 标准大小的土豆（两人一个）；

- 铝箔纸；

- 烧烤签（如果没有的话，可以用牙签代替）；

- 白纸，钢笔，其他文具（颜料、橡皮、铅笔等）。

游戏目标："观察"家里的其他人，思考一下，他们是怎么"看"我们的。

补充说明：如果能提前准备好，还是建议本次游戏在饭前进行。在午饭或晚饭前，至少需要 15~30 分钟，制作各自的座位卡，并补充别人的座位卡。

每个人要准备好一个座位卡的底座，然后将它放在收拾好的桌子上。拿出一颗土豆，将其对半分开，得到底部平整的底座，然后用铝箔纸将刚做好的底座包好，放在自己常坐的位置前。接下来，把烧烤签的尖端插进土豆近圆面的中间位置，拿出一张长宽约7厘米的纸，按照你们的喜好，裁剪出任意形状的纸片，然后在上面写下你们的名字，并将写好的纸片插进烧烤签中（就像没有掌上点餐机的比萨店，把订单插在票叉上一样）。

这样，你们的座位卡就做好了。

现在，游戏正式开始。你们每个人都要补充他人的座位卡，往他们的烧烤签上添加内容：可以再添加纸片，在纸片上可以写句子，画画，或者可以加上某件能代表他的品质的物品。你们可以发挥无限的想象力，不过，还是不建议把不卫生的东西带到餐桌上。补充阶段结束后，每个人应坐好，仔细观察自己的座位，然后轮流询问家人为你加上这些物品或纸片的原因。

猜猜这是谁

时间：15 分钟。

类型：竞赛游戏。

受益指标：归属感。

参与人数：2 人及以上。

建议年龄：5 岁及以上（若低于 5 岁，可以和大人同组游戏）。

游戏目标：加深最珍贵的人际关系，尤其要将注意力，集中到"大家庭"成员的习惯表情和性格上（"大家庭"成员，包括常在身边的亲人和紧密好友）。

每位家庭成员，依次模仿一位亲戚（远房亲戚也行，重要的是家里人都认识），或者是家里的一位世交。模仿的内容，可以选择走路姿势或者面部表情，或者说他们的口头禅等。比如在我们家，要是有人说："我看到了一个很漂亮的小村庄，真是太漂亮了，真是太漂亮了！"所有人都能反应过来，这是在学爷爷说话；而"你喜欢我刚刚下载的手机铃声吗"，这一句则是我们的侄女常说的话。模仿结束后，其他人抢答，选一位大人当裁判，决定回答顺序。如果回答正确，那猜到的人再模仿其他的亲戚或好友，以此类推，想玩多久都行。如果有人想模仿自己的家人，那就主动说出来，直接模仿即可。

"美好"时光与"灰色"时刻

时间：45 分钟。

类型：交流游戏。

受益指标：归属感，接受自己的错误与失败。

参与人数：2 个及以上。

建议年龄：5 岁及以上（若低于 5 岁，则需要大人帮助）。

所需物品：

● 2 个 1.5 升的白色塑料空瓶，瓶子透明，撕掉标签。然后从瓶子底端，每隔约 2 厘米，画一条刻度线；

- 一支油性笔；

- 一只漏斗；

- 两瓶颜色不同的饮料（每瓶约 1 升），如可乐和橙子汽水，或苹果和蓝莓汁，又或者两瓶颜色不一样的糖浆也行。

游戏目标：对充满凝聚感的家庭产生归属感，并明白家庭与一般的集体无异，都会有起有伏，拥有美好与悲伤两面。

回想一下在家中的"美好"时光与"悲伤"时刻。

● **美好时光：**你们与全家人，或与家里的某些人，一同经历的那些日子，或遇到的几件事情，你们从中感受到了关爱、团结、快乐、欣赏，以及安慰，等等。就拿我们来说，我们的美妙时光，可能就是我们儿子亚科波想出的一场淘汰赛，看谁能把塑料玩具一下子推得跟墙越近。

● **灰色时刻：**在这些情况下，你们可能和全家人，或是某位家人，产生了某些不愉快，这让你们非常伤心，觉得自己亲眼看到或受到了不公平的对待，发生了你们讨厌的事。就像有一天，我们家甜品做得很难吃，然后谁也没吃一样。

选择哪种饮料对应"美好"时光和"灰色"时刻。轮流发言，说出其中一类，然后借助漏斗，往空瓶中倒入一个刻度的对应饮料（比如可乐＝"灰色"时刻，而橙味汽水＝"美好"时光）。

当你们想停止游戏（条件是所有人至少都说了两件事），或者其中一个空瓶被装满时，那就倒出来，好好干几杯吧！首先要喝的是"灰色"饮料，喝下就别去想了；然后再喝"欢乐"饮料，祝愿以后有数不尽的欢乐时光。以下是我们的两点建议。

（1）要是其中一人很难回想起自己在家中的"欢乐"或"灰色"经历，那你们可以帮他一下，让他回忆起当时的情形。

（2）分享完自己的回忆后，可以谈谈自己当时有何感受。

家庭大富翁

时间：45~60 分钟。

类型：竞赛游戏。

受益指标：归属感，安全感。

参与人数：3 人及以上。

建议年龄：6 岁及以上。

所需物品：

- 画有 20 个格子的地图；
- 每个人一颗棋子（可以用剪成不同形状的纸片代替）；
- 一个数字转盘（参见下文补充）。

游戏目标：看看我们对家人的相互了解程度。

补充说明：要是家里只有两个人，最好是又来了一位了解你们的亲人时，邀请他和你们一起玩。

起点 ➡

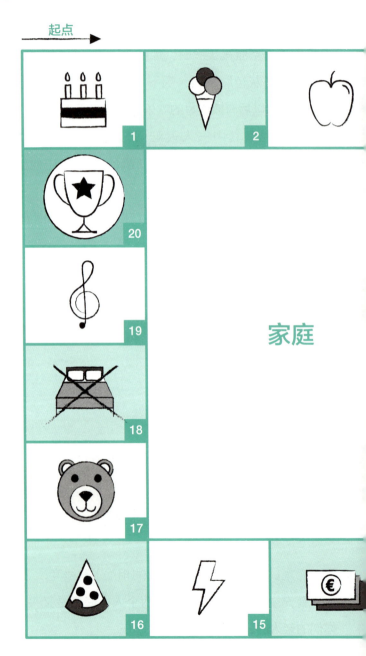

家庭

128

大富翁

怎么做数字转盘?

拿出一张白纸,将一张餐盘倒扣在纸张中间,沿着轮廓画出圆圈。将餐盘拿起,把圆圈四等分,依次写上 1,2,3,4。拿出一颗土豆,将土豆对半切开,用铝箔纸将其中一半包好,平整的那面作为底面,放在圆圈中心处。拿出一根长长的木签,插进土豆底座的中心位置,另用一张锡箔纸做成指针,一段呈尖状,长约 10 厘米,在其中心位置戳一个小口,用以固定在木签上。这样当你们转动指针时,就会像时针一样转动,最后指到圆圈中的某个数字。

轮流转动指针,从起点出发,前进步数视转动结果而定,接着就是回答所在格子对应的问题。当有人走到 20 格时,游戏结束。如果空闲时间不多,那么谁第一个走到 20 格,或步数超过了 20 格,就算获胜;如果不赶时间,那就可以设定,步数恰好走到第 20 格的人,才算获胜,如果多于需要的步数,那就超过了多少,就再往前走多少格,继续游戏。

图文对照表

格 1:其他玩家的生日是哪天?要是说错 2 次以上,回到起点。

格 2：选择一位家人，猜出他最喜欢哪种口味的冰激凌（在猜之前，让对方把答案写在一张纸条上）。如果猜错，回到起点。

格 3：选择一位家人，猜出他最喜欢哪种水果（在猜之前，让对方把答案写在一张纸条上）。如果猜错，回到起点。

格 4：闭上双眼，转过身去。另一位玩家用手触碰你的背部，然后猜出是谁碰的。如果猜错，回到起点。

格 5：惩罚格，你在家里犯了错误，下回合停止前进。

格 6：说出其他玩家的一项品质。

格 7：你现在有些伤心，让其他玩家都对你做个鬼脸，逗你开心。

格 8：谈谈你和家人最棒的一次出行。

格 9：有人把厨房里的玻璃杯打碎了，为了安全，下回合停止前进。

創造快乐
原生家庭

格 10：你在学校取得了惊人的成绩（或是完成了一项非常困难的工作），全家人都为你感到高兴，再前进两格。

格 11：闭上双眼（可别偷偷睁开哟），另一位玩家来到你的面前，然后只触摸他的面容，猜出他是谁。如果猜错，回到上轮所在的格子。

格 12：闭上双眼（可别偷偷睁开哟），另一位玩家来到你的面前，然后只触摸他的双手，猜出他是谁。如果猜错，回到上轮所在的格子。

格 13：闭上双眼（可别偷偷睁开哟），另一位玩家来到你的面前，然后只触摸他的一只脚（希望是干净的），猜出他是谁。如果猜错，回到上轮所在的格子。

格 14：天降横财，前进两格。

格 15：家里好像要吵架了，下轮停止前进，都冷静一下再说吧。

格 16：说出家里最好吃的是什么。

格 17：选择一位家人，说说他最像哪种动物，以及为什么。

132

格 18：谁都不想睡觉，回到第 7 格。

 格 19：完成给出的句子，并让最后一字压上韵，"你看，我们一家多么美好"（下如：就像，巧克力酱配上面包）。

 格 20：恭喜你赢得了比赛！迎接其他人连绵不断的掌声吧！

一起来作画

时间：30 分钟。

类型：合作游戏。

受益指标：归属感。

参与人数：2 人及以上。

建议年龄：4 岁及以上。

所需物品：

- 白纸若干，纸张越大越好；
- 彩色画笔若干。

游戏目标：用你们的创造力，创作一幅属于所有人，而不是特定某个人的作品。这个游戏非常简单，任何人都不会有问题。

补充说明：如果家里多于 5 人，以免交替作画时等待时间

过长，你们可以分为 2 组，最后将画作拼在一起即可。

　　每人在脑海中想着自己的家人，然后选择一种颜色的画笔，轮流在同一张纸上作画，画什么都行。但每次轮到你时，只能选择做一件事（如画一个新的图案，或为之前的图案上色等），并且笔头不能离开纸张，要求一气呵成。画完后，将创作权交给下一位，让他按照自己的想法，上色或画画都行，自己喜欢就好，但也是要求一气呵成。如此反复，直到画作令人满意为止。另外，你们还可以设定一个时间上限，每个人一次只能画一笔，几秒后把画笔交给下一个人。这是游戏的创作规则，遵守规则非常重要，因为这能让游戏节奏活跃起来，让全家人一起做的事充满活力。最后得到的画作，是全家人想象力的成果，你们可以把这件"艺术品"挂在玄关，不管谁来了，一进门就能看到你们的画。

　　你们也可以另辟蹊径，完成你们的杰作。每个人可以拿几本旧杂志，将上面有关家庭的图案剪下来（每人不超过 8 张）。找到合适的图案后，每个人都将自己的图案给其他人看，也可以解释自己这样选择的原因。接下来，每个人轮流将自己的剪画贴在纸上，开始自己的拼贴画创作。

　　祝你们玩得开心！

爱意容器

　　时间：30 分钟。

　　类型：交流游戏。

受益指标：归属感、安全感。

参与人数：2 人及以上。

建议年龄：4 岁及以上。

所需物品：一个小小的容器，可以是一个小瓶子、小袋子或小盒子，只要每个人都能轻松关上它即可。

游戏目标：让需要得到安慰或支持的家人，感受到你在身旁。

补充说明：这个游戏尤其适合离异家庭的孩子，因为游戏会让孩子把自己的感情装在容器里，当作一种象征，送给远方的那位亲人。如果是要送给孩子，那么最好不要使用玻璃制品。

游戏需要你们将自己的爱装进一个或多个"爱意容器"中，然后送给一位家庭成员，以在他有需要时给予支持。比如，他要出一段时间的远门（可能是参加军训夏令营，或者是出差），抑或要独立面对一项"艰难的挑战"（比如第一次去学校或新学期开学，要开很重要的会议，去医院看病等）。

那我们要放什么进去呢？什么都行，十分脆弱、即刻消散的东西也可以，比如一个吻，或是一次抚摸（所以也要求容器能关得严实）。如果你们想存储一个吻，那你们有以下两种方法。

● 将嘴唇凑到容器的开口处，然后带着你们所有的爱，往里面吧唧亲一口，或好几口都行，最后把容器关好即可。

● 拿出一张小纸片，在上面印上一吻，然后将纸片卷起来，放在爱意容器中。

你们可以在纸片上写几句话，或是画画，送给正要面对大大小小挑战的他，以表达你们对他的支持。或者也可以找一找，有哪些东西能给予他动力，然后放进爱意容器中（一颗糖果、一块非常漂亮的石头、形状奇特的木片等）。大人可以在布条上喷上香水，孩子可以用涂满颜料的双手将五颜六色的指纹印在纸上。每个人都能找到方法，将自己的爱寄托到一件具体的物件上。就算是尚未记事的孩子，也能轻松地参与进来。

当所有人都放入自己的东西后，那爱意容器就准备好了。爱意容器的主人可以带着它，当自己需要时再拿出来，将它打开，感受妈妈的吻，或是读一张小纸条。每次有必要时，你们都可以重复这个游戏。

家庭素描

时间：30 分钟。

类型：交流游戏。

受益指标：归属感。

参与人数：2 人及以上。

建议年龄：4 岁及以上。

所需物品：

- 白纸、彩色铅笔若干；

● 各式文具（根据想画哪种画选择）。

游戏目标： 思考每个人如何看待家庭。这个游戏十分简单，也非常有趣。

补充说明： 我们建议你们好好保存自己画的画，并过段时间就拿出来看一下。这个游戏尤其适合离异家庭的孩子。

每位家庭成员都应参加，谁都不要以不会画画为借口推脱，尤其是家长（可能确实是很久都没碰过画笔了）。规则如下：每个人都要画出所有家庭成员，怎么画，在哪儿画，由自己决定。想象力没有限制，请尽情发挥，重要的是所有成员都要参与进来。

游戏结束后，每个人向家人展示自己的画作，并让别人谈谈，看到这幅画是什么心情。

如果你们是离异家庭，只要这样做不会非常复杂、特别困难，那么在家庭成员中，还是要包含那个离开你们的人。并由你们自己选择，如何用画画的方式，描绘出家里发生的改变与变化。

幼崽的故事

时间： 15 分钟。

类型： 交流游戏。

受益指标： 安全感。

参与人数：2人及以上。

建议年龄：4岁及以上。

游戏目标：让孩子明白，家是他的保护伞，也是他最安全的根据地，可以从这里启航，探索世界。

补充说明：有利于哄孩子睡觉。

游戏要求两人一组，一人趴在松软的床或者沙发上，一人为其按摩，"按摩师"要讲一个动物幼崽的故事（可以是老鼠、大象、猴子和螃蟹等），讲完后便交换"按摩师"，重复上述步骤（如家里人数为单数，可以依次进行）。每个人讲述的故事必须包括以下三个阶段：降生、成长（即蹒跚学步、嗷嗷待哺，还有初次嬉闹等）以及踏上探索世界的道路。在讲述时，"按摩师"只能用手，在另一人的背上，具体呈现自己讲到的故事。例如，我们在下文准备了一个例子，但你们也可以尽情发挥想象力，自己编故事。如果你们的孩子还很小，那就由你们开始，听了你们的故事，有你们示范之后，那对孩子来说，编一个简单的故事，也不会特别困难。

一只母狮子拖拽着疲惫又繁重的身躯，行走在热带草原上。她的肚子鼓鼓的，几乎快垂到地上。夜晚，她在一棵大树旁坐下，找到了歇脚处。腹中的孩子就快降生了，她将自己的爪子舔舐干净，以迎接接下来这重要的时刻。没一会儿，小狮子宙

138

斯从妈妈的肚子里滚了出来，接着是罗伊，他才刚降生，立马就想走几步路。两只小狮子就躺在妈妈身边，哪儿都不去。几天后，他们撑起自己的小胳膊、小细腿，艰难地站了起来，终于迈开了第一个步子，现在还会不时跑到妈妈身边，吸吮美味的乳汁。慢慢地，他们的四肢变得强壮，牙齿变得锋利，身躯也变得庞大起来。他们快速地奔跑在热带草原上，宙斯还会经常去摇罗伊的尾巴。就这样，两只雄狮也已准备好踏上捕猎的征程。他们摇了摇自己的鬃毛，看起来十分凶悍，然后便出发狩猎羚羊去了。

"按摩师"在讲故事时，还要在听众的背上，用即兴的手法按摩，以帮助他们更好地融入幼崽的故事中，但最重要的是，能为他们带来轻松愉快的按摩体验。故事的主人公不受限制，但要确定是关于动物幼崽的故事。

我相信你

时间：15 分钟。

类型：合作游戏。

受益指标：信任。

参与人数：2 人及以上。

建议年龄：4 岁及以上。

所需物品：可以遮住双眼的物品（如一条围巾、一块布料、或类似的东西）。

游戏目标：做到完全相信另一位家人，并尝试下面的情景。

补充说明：放一首舒缓的古典音乐，将音量调低以增加游戏的乐趣，并有助于睡眠。

全家人聚在一起，每2人成一队（如果家里人数是单数，那一队3人即可；如果有孩子小于5岁，最好是和年长的一队，这样就能帮助他）。队伍中的每个成员，轮流遮住自己的眼睛，其余成员带领他探索整个屋子。你们要让孩子知道，他们身上背负着别人托付的信任，所以绝对不能让别人受到一丝伤害！要注意台阶，避让房间内的尖角，以及类似的危险地区。当本轮结束后，互换角色，以让所有人体验到信任与被信任的感受。最后游戏结束时，互相交流游戏玩得怎么样，自己又有什么感受。

电影推荐

《白日梦》（*Un sogno ad occbi aperti*）

导演：保罗·莫里森

上映时间：2003 年

制片国家 / 地区：德国，英国，法国

片长：106 分钟

类型：剧情

我们的评价：老少咸宜。

适龄范围：8 岁及以上。

电影关键词：归属感，父子关系，自我评价。

剧情简介：20 世纪 50 年代，大卫和他的家人住在伦敦。大卫身体笨拙，反应缓慢，他很喜欢板球，但是却从来没有上手打过。直到有一天，他家隔壁搬来了一家牙买加人。牙买加以前是英国的殖民地，在很多前英国殖民地中，板球运动特别受欢迎，所以这家人也是板球的球迷。尽管大卫的父亲和社区里的人都对这个黑种人的家庭有所偏见，但对大卫来说，这是一个拿起球棒，开始打球的好机会。因此，大卫跨过了横在两家间的花园围栏，为与这家人建立友谊打下了基础，这份友谊改变了大卫一生，但也不仅限于此。

观看理由：大卫的家庭缺乏温暖，父亲总是忙于工作，从不关注母亲，所以他的母亲总是备受煎熬；父亲也从来没有时间陪儿子一起玩耍；大卫是个很机灵的孩子，但没有人鼓励过他得多多练习，因此他只能对着板球明星的玩具小人自言自语，以此逃避现实。而隔壁的牙买加爸爸，刚搬过来不久，就在庭院里建了一个训练场，下班后总是和女儿在那儿玩耍训练。牙买加爸爸总会鼓励大卫，大卫也和他成了朋友，牙买加爸爸相信大卫，让大卫发掘自己的潜能，帮助大卫在各方面挑战自我。《白日梦》所表达的，才是对儿童和青少年最有帮助的，这能让

他们做自己人生的主人公，抬头挺胸面对这个世界。这个故事告诉我们一个道理：改善家庭关系，或只是为其注入新的活力，让它更能符合全家人的情感需求，永远都不算晚。

看完之后：讲述一次父母鼓励、支持你们去完成一项艰难任务的经历。

《鬼妈妈》（*Coraline e la porta magica*）

导演：亨利·塞利克

上映时间：2009 年

制片国家 / 地区：美国

片长：100 分钟

类型：动画

我们的评价：意料之外。

适龄范围：10 岁及以上。

电影关键词：童年，亲子关系，成长。

电影相关：本片改编自尼尔·盖曼的小说《克洛琳》。其实本书书名归咎于一次键入错误——主人公本应叫卡洛琳，但因为按错了键盘，一个新的、独一无二的名字就此诞生，同样独具一格的，还有小女孩的冒险生活。

剧情简介：克洛琳家搬进了一座大大的新房子，她的父母都忙于工作，从来没空倾听小克洛琳的话。父母只会草草地为她准备晚饭，也仅限于此，他们从来没跟克洛琳一起做其他的事。克洛琳只有在新家探险，以此解闷，她发现了一扇小小的魔法门，门后有个隧道，隧道的尽头是一个神秘的房间。在这儿也生活着"爸爸"和"妈妈"，他们和克洛琳的父母长得一模一样，却更加和蔼可亲，随时都能为克洛琳贡献自己所有的精力。但让克洛琳担心的是，这里的爸爸妈妈，他们的眼睛是缝纫用的黑色纽扣……

观看理由：这是一部带有惊悚元素的黑色童话，一方面会让小朋友感到害怕，但另一方面又能吸引他们。这不是一部平淡的动画电影，它向孩子展现了与平常不同的语言与内容。编剧对小观众的承受力和理解力很有信心，相信他们能承受整个故事，并理解复杂的剧情（因为生活本就如此复杂）。电影中出现的两对父母，都不是十全十美的——真正的父母忙于各自的工作，没有精力照看克洛琳；虚假的父母表面上很关心克洛琳，但暗地里却想得到克洛琳的灵魂，并永远困住她。《鬼妈妈》讲述了一个成长故事：主人公必须自己做决定，独自面对许多挑战，以及充满限制与阻碍的情形。这是一首赞颂孩子潜力以及其赋予事物意义之能力的赞歌。事实上，这部电影需要让小观众将复杂、能够引起强烈情感的故事情节联系起来，对他们来说，看这部电影是一次需要勇气的挑战；而对成年人来讲，这同样具有启发性。因为电影从孩子的视角讲述了作为父母的辛苦，展示了孩子是如何看待我们的。这部独特的动画电影告诉我们，与家人共处的时光十分特殊，不应白白浪费。此外，即使在更复杂的家庭关系下，也不要忘记那份珍贵的财富——孩

子的智慧和创造力。

看完之后：为人子女，你们在处理一件艰巨的事务时，有没有感到过孤独？有的话，具体是怎样的？那时，你们本想从父母处寻求的是什么？当时为什么又没说？将这些话题与家人谈谈。

《疯狂原始人》(*I Croods*)

导演：克里斯·桑德斯，科克·德·米科

上映时间：2013 年

制片国家 / 地区：美国

片长：98 分钟

类型：动画

我们的评价：不容错过。

适龄范围：5 岁及以上。

电影关键词：亲子关系，归属感，探索精神。

电影相关：电影中的动物都是虚构的，在现实中并不存在。《疯狂原始人》是第一部进入知名电影节——柏林电影节的动画作品（参展不参赛），并广受好评。

剧情简介：原始人咕噜一家住在山洞里，他们非常团结，所以才在史前时代存活了下来。父亲作为一家之主，给家人制定了很多偏执的死规定，他们的生活总是一成不变，但也让他们不用冒生命危险就能获取生存必需的食物。可女儿小伊却对周围的事物感到好奇，觉得单调的生活很压抑，并对父亲那"新颖即危险"的观点产生了怀疑。对小伊以及整个咕噜一家而言，遇见富有探索精神的年轻原始人盖，是一次天翻地覆的变化。盖改变了咕噜一家的生活，不仅让咕噜一家知道了火，还让这家人体会到了发明的快乐。

观看理由：电影十分有趣，老少咸宜。我们家很喜欢这部电影，所以想推荐给你们。故事中，小伊想改变生活，但这与爸爸必须保护家人产生了冲突：这种冲突从孩子还很小时就会开始，并存在于世界上的任何家庭里。这时孩子还不能独自生活，家里也由大人说了算，因为他们知道什么对全家最好，至少，按照常理，的确如此。但这并不能说明一切情况，随着孩子的成长，家庭也应成长、改变，严苛的家规不能一次性强加给所有人，需求在改变，尤其是现实条件，它也在改变。《疯狂原始人》讲述了对改变的抵触，同时还有探索的美好，以及能够自我反省的故事。有时这部电影也很浪漫，它展示出，不管怎样的冲突与分歧，家庭是如何作为牢固的基地，支撑我们启航飞翔，又如何在每次探索后，迎接我们降落返航。孩子在成长过程中，会为家庭带来一个崭新的世界，这是一个由疑问、图画、故事和游戏构成的世界，聆听、认真对待这个世界尤其重要。我们每个人的内心，都住着小时候的自己，与儿女的相遇，能让我们与"小时候的自己"手牵手，为其赠予全新的探索天地。而《疯狂原始人》这部电影，就是对亲情之美的敬意。

看完之后：相互讲述一次自己觉得与家人联系得最紧密的经历（家长可以讲讲小时候的经历），并解释为何这次经历会给予你们安全感。

第四章 | 倾诉自己的情感
情绪智力①

我很孤独，却无法言说

如果要我回忆人生中最糟糕的日子，我肯定会想起那不同寻常的一天——当时，我差点就伤害了我的母亲。那段时间，我的学习不怎么好，妈妈会批评我，我最好的朋友弗朗切斯科也随家人搬到了外地。孤单的我整天都沉溺于电子游戏。那个年代，电子游戏不算多，但也正因如此，才显得特别有趣。我的时间都花在了游戏上，日复一日，我的游戏积分也越来越高，给了我一种自己在某方面还不错的成就感。但我的学习成绩却与日俱下，妈妈劝了我无数次，每次都会说："不要把大把时间花在那些电子游戏上。""再这样下去，你会不及格的，你知不知道？"

随后，情况便开始恶化。有一次，我在玩一个很难的游戏，终于打到了最后一关，我把房门关紧，躲在房间里，想要证明自己有多厉害。而妈妈却时不时来烦我，她吼道："要是你5分

---

① 心理学专业术语，即日常所说的"情商"。——译者注

钟内还不把它关掉，我就把这玩意儿没收了！"

但我不为所动。她甚至可能会吵我吵到第二天，但我绝不会关掉游戏机。

然而，她这次却生气地冲进我的房间，不仅对我劈头盖脸地一阵骂，甚至还径直奔向我，就当我快要过关时，一把夺走了我手里的游戏机。没了游戏机，我开始吼叫，对她说着脏话，说了什么，我现在都想不起来了。但不管是什么，我很清楚地记得我骂了她，还推了她一把。接着，游戏机便从她手里掉在地上，摔坏了。我的吼叫声越来越大，幸好当时父亲出现了，他原本在院子里洗车，在窗外听到了我的尖叫声，瞬间警觉起来，便闯进房间制止了我。

爸爸什么也没说，他只是伸出双手，钳住我的肩膀，把我从母亲身边拖走，进了他平日工作的书房。爸爸把我按在沙发上坐着，说："我们一小时后再谈。"

我一个人在书房里待了很久，我听到母亲在屋外哭泣，父亲在试着安慰她。接着便完全没了声响，我坐着，仿佛等了一个世纪。

当父亲回到书房时，我正弯着腰，小声抽泣着。"今天这件事你怎么看？"他问我。

我说："我不想这样对妈妈的，但她也不该摔坏我的游戏机。"

爸爸朝我走过来，说："你刚才非常生气，妈妈比你还要生气。你们俩都没管好自己的情绪，但你对妈妈缺乏应有的尊重，所以我们决定惩罚你，至少一个月不能碰电子游戏。而且你还要向妈妈道歉，回学校认真上课去。"

在那"戒瘾"的一个月时间里，我逐渐找回了自己的时间，脑子也开始清醒……但与朋友分别的忧伤也再度袭来。后来，我跟爸爸说，其实弗朗西斯科离开后，我就特别失落。然后爸爸帮我叫上了我的其他朋友，让我和他们踢了几场足球赛，之前耽于游戏，我都很久没踢足球了。

我和妈妈的关系也慢慢缓和，因为我考试不会不及格了，老师也夸我有了进步。

有一天，我的语文老师说："都不知道为什么，你像变了一个人。"

她永远不知道，那天下午在我家发生了什么。

惩罚又持续了一个月，我一共戒了两个月的瘾。在把游戏机还给我之前，妈妈让我签了一份保证书，写着玩游戏时应该遵守的规则。我从未想过，我能这么长时间不玩游戏，而是选择和朋友出去玩，这不仅分散了我对游戏的注意力，还让我学会了剖析自我、调节自己和他人的情绪。

有多少次，当你们怀有强烈的情绪，而周围的人却丝毫没有察觉，没有正视你的感情，甚至还会嘲笑你太脆弱？他们也可能会注意到你的变化，并说："有必要这么小题大做吗？"抑或是"那别人什么都不敢跟你说了，一说你就心情不好！"跟原本让你心情变差的那句话比起来，真是有过之而无不及。这些话会触及你们内心那敏感的琴弦，涉及你们特别在意的一面。

在日常生活中，每个人都会遇见这样的事。当我们在工作

中或在学校里，与家人或朋友在一起时，会感到被人误解，或难以表达自己的感受。而处理好这种僵持的局面，对自己信任的人倾诉自己的感受，是我们在人生初期就要需要具备的基本技能。家庭正是我们第一个历练场，在这里，我们可以学会如何倾听自己和他人的声音，并用言语表达自己的感受。

难以启齿的话语

孩子们隐藏在内心的想法和情绪，远比口头表达出来的丰富。当孩子无法表达、描述、释放自己的内心感受时，就会对一切感到困惑不解。要是有个男孩在面对突如其来的困境时无助地哭了起来，大人很快就会评价道："哭得像个小姑娘似的，你可是男生，你得学会控制自己的情绪。"（有多少成年男性小时候听长辈这样说过自己呢？）听到大人的话，孩子就会思考自身情绪的价值，以及在别人面前如何控制情绪。

因此，当孩子感到沮丧时，我们有义务安抚他说："你碰到的这些事，我和你一样觉得很难过。"而不是跟他说"男儿有泪不轻弹"。不管是站在平等的角度，还是站在说教的角度，如果孩子在家中可以倾诉、分享自己的喜怒哀乐，并受到重视，那么全家人都不会认为，在家中有什么难以启齿的话。当家里有人去世时，大人会瞒住孩子，而不是同他们直说，让他们也能感受到失去亲人的痛苦。当孩子问起多日不见的爷爷去哪儿时，也许会得到这样的答案，"爷爷在度假呢"，或者"爷爷化作了星星"，甚至根本得不到任何回应。就这样，恐惧、愤怒和悲伤统统成了孩子难以启齿的秘密。而父母作为唯一能给予他们安慰、鼓励和帮助，让他们了解自身情绪，带领他们走出阴霾的人，却让孩子在自己面前难以开口。悲伤和快乐一样，也是该经历和诉说的感情，这对孩子尤其重要。

在这个方面，迪士尼动画电影《头脑特工队》（*Inside Out*）中的一幕很具代表性。主人公茉莉小时候幻想出的朋友——冰棒，他看到自己心爱的"火箭"座椅被扔进了遗忘垃圾场。

面对沮丧的冰棒，主角脑海中五情感之一——乐乐，立刻介入，安慰他说："嘿！一切都会好起来的，我们会有办法的，只要回到总部就行了。车站往哪边走？"

冰棒："我连去月亮的旅行计划都做好了，茉莉说好和我去的！"

乐乐："嘿，有人怕痒吗？挠痒怪来了……嘿，冰棒，看看这个（乐乐做鬼脸、吐舌头）。我们来玩一个有意思的游戏，你指出火车站在哪里，我们就都往那边去！是不是很好玩？我们快去车站吧！"

乐乐说着便出发了，冰棒却在原地坐着，一动不动，沉浸在悲伤里。

忧忧（五情感之一）靠了过来，说："我很抱歉他们扔掉了你的火箭，夺走了你心爱的东西！火箭没了，永远地消失了！"

乐乐插话道："忧忧！别再让他更伤心了。"

忧忧："不好意思。"

冰棒："火箭是我和茉莉之间仅存的信物了。"

忧忧："你和茉莉肯定一同经历过很多超棒的冒险吧！"

冰棒："是啊，棒极了！有一次我们穿梭时空，还吃了两次早餐。"

忧忧："真棒，茉莉也一定很喜欢。"

冰冰："嗯，是啊。我们是彼此最好的朋友（啜泣）。"

忧忧握住冰棒的手："当然啦，没错。"

冰棒泪流满面，紧紧地拥抱着忧忧。

乐乐担心事态升级，抱怨说："在干什么呀！"

突然，冰棒站起身来，擦了擦眼泪说道："我感觉好一点了。你们跟我来，火车站在那边。"

乐乐走近忧忧，问："你是怎么做到的？"

忧忧："我不知道，冰棒很难过，我就选择了倾听它。"

冰棒："火车来了。"

最后三人也一起登上了火车。

这个桥段完美地展现出，每份情感都弥足珍贵。乐乐总试图让忧忧远离情绪的指挥台。殊不知，在某些时刻，我们反而需要给悲伤一个发泄口，让其表达自己的悲伤，最终化解它。

父母的角色

正如本章内容所述，在让孩子认识自己，提高自尊等级的过程中，情商也必不可少。帮助孩子提高情商，意味着要教会他们感受自己的情绪，肯定情绪的价值以及重要性，以此陪伴孩子学会控制、管理这些情绪。而培养情商时，首先要让孩子与父母相处，然后再由他们独立提高。

对父母来说，自发培养孩子的情商，保证孩子接受情商训练也并非易事。有时在情商方面，即使在大人的内心，以及其成长的道路上，也会有些派不上用场的回忆。因此为人父母后，或许以一种全新的视角追溯重视儿时的经历，就显得尤为重要。我们小时候会因什么而感到开心呢？而又是什么会让我们感到伤心呢？只有这样，我们才能真正回忆起，在艰难与痛苦的时刻，我们当时渴望，但没人能给我们的，究竟是什么。意识到"缺乏关爱"为我们自己的童年留下了哪些伤痕，就能帮助我们别在孩子身上重蹈覆辙。

自我满足的要点

不管是在看待自我，还是在与人相处方面，孩子的情商都是提高自尊等级的重要因素，并能赋予孩子意义非凡的能力，而身为家长的我们，则能帮助孩子，提高他们的情商。科学家丹尼尔·戈尔曼，在描述情商这方面独树一帜，他的研究表明，高情商与低情商的人相比，获得感往往高出很多，在工作和生活层面上的满足感也更高。而这一切与学业成就、教育背景和所处的社会阶层统统无关。有些人家世显赫，在学业上也名列前茅，可他们的人生却只能算作失败。他们或事业不济，或情感不顺，人际关系也处理得不好，这些事交缠在一起，让他们在各个方面都无法实现自我满足。

陪伴孩子成长，就是要帮助孩子们理解自身情绪的意义所在，这将引导孩子，在成长的道路上不迷失方向。

基本情绪

基本情绪，即每个人都会感受到的最基础的情绪，这是进化留给人类的产物，也存在于每个人的基因中。也正因如此，当心中涌现这些情绪时，我们就能分辨出它们的种类，管理好自己的情绪，并为其定义。下面是基本情绪的类型与定义。

1. 愤怒：愤怒会驱使我们反抗某个人或某件事，让我们不自觉陷入冲突和对立之中。当我们感到愤怒时，要学会先控制它，然后换种方式释放它。通常，愤怒会使我们付诸暴力，以释放自己的情绪，比如有时会想一脚踹在门上，或是一拳打到墙上。学会管理自己的情绪，就是不应以暴力的方式发泄愤怒，而是要放轻松，慢慢驱散怒火，逐渐使自己冷静下来。从教育的角度来说，最重要的是帮助孩子找到生气的原因，帮助他们远离愤怒，或是帮助他们直面自己的愤怒，然后以非暴力的方式，转化自己的情绪。

2. 悲伤：当我们遭受挫折或感到失望时，我们会伤心得陷入退缩的境地。在这种情况下，懂得寻求帮助和慰藉显得尤其重要。大多时候，我们会试着不管那些伤心事，哪怕只是一会儿，也想从伤感中逃离，因为它会带来更多的困惑与不安。例如，有些人刚失去亲人，结果他们每天都上着班，哪怕是一天也不会休息，而是持续以生活的重担麻痹自己。他们在下意识想以这样的方式逃避痛苦，因为在亲人逝世后，如果直面这些痛苦，将其视为无法逃避的东西，那他们就会痛不欲生。但我们无法逃离伤感，更无法否认它。我们必须要学会面对它，接受它，向关心我们的人寻求安慰。因为我们知道自己还能找人倾诉，能够帮助我们度过甚至是战胜伤感。

3. 不适：即看到某种使身体极为不适的事物或动物时，内

心产生的情绪。比如蟒蛇、蜘蛛、恐怖电影里的怪兽或是腐烂的食物，这些都会对我们产生刺激，让自己觉得正处于危险之中。"不适"是一种具有防御意味的情绪，正因如此，我们应该重视它，不能任其恶化或否定它。例如，有时，小朋友会在电视上看到特别令他不适的画面。刚看到时，他们可能也不会当回事儿，可一到晚上，孩子在熟睡时，动画片中的邪恶怪物就会出现在他们的梦中，让他们担惊受怕，最后无助地从梦中惊醒。"不适"是一种很强烈的情绪，所以除了要找人倾诉，让他安抚我们的情绪，并在必要时给予我们安慰外，还要时刻重视这种"不适"的情绪，明白它从何而来。

4. 害怕：一般来说，人们感到不适的原因非常相近，但感到害怕的因素则是因人而异。有些怕黑，有些怕狗，有些怕雷暴天气，或是去学校念书。通常来讲，我们会因为一些主观或客观的原因感到害怕，从主观上说，只有一部分孩子会害怕每天早上去上学，也只有少数成年人会因害怕坐飞机，甚至到了放弃出远门的地步。从客观上讲，当我们忽然看到一头从马戏团逃出来的狮子，我们都会感到害怕。在某些情况下，我们会产生一种特定的恐惧，这时，找到让我们害怕的原因，就显得尤为重要，我们要弄清楚，当自己面对危险时，在哪种情况下会感到害怕。并且，我们绝不能用简单粗暴的方法，强迫任何人战胜他恐惧的事物，就比如说，绝对不能把怕水的孩子一下子扔进游泳池。许多只有几岁的小朋友，会对某些事物产生生理上的恐惧，比方说会怕黑、不敢单独待在房间，或是害怕床底下有妖怪，这些都是心理极度不安造成的现象。即使在没有大人陪伴和保护的情况下，孩子都应学会勇敢地面对这些处境。其实孩子满岁后，父母就不应该总是陪在孩子身边，要让他们逐渐学会独处。但若想将这种"终生训练"付诸实践，则需要大量的时间和莫大的耐心。对孩子来说，最糟糕的事莫过于有一位在教育上操之过急，然后过早叫他们独立生活的家长。此外，与之相反也会带来严重的后果，若是不教孩子独立，靠自己解决生活上的难题，就可能会让他们过于依赖大人。这样一来，孩子就会变得特别胆小害羞，因为他会认为自己配不上大人的信任。因为大人一直以来都在他的身边，敦促着他的一切，这会给他一种没有大人他什么都不会做的感觉。

5. 惊讶：在生活中，当我们遇到意料之外的人或事，会感到措手不及，这种情绪便是惊讶。惊讶会使我们做好心理准备，以在遇上突发事件、与某人惊喜重逢，还有收到不愿知道的消息时，能做出正确的回应。当我们想让某人开心，为他精心准备惊喜时，这种情况下他所感到的"惊讶"都是很美好的体验。也正因如此，与孩子一起营造这种充满惊喜的家庭环境，也是一件特别美好的事。在我们的记忆中，惊喜占据着特殊的位置，也会为我们留下永恒的印记。我们之中，有谁能忘记圣诞前夜晚餐时，看到亲人围聚一桌时的那份喜悦？有谁能忘记交换订婚戒指时，那种无法言说的情感？为孩子准备惊喜、秘密为其准备生日派对，这些都特别美好，而让孩子知道，了解"惊讶"这类强烈的情绪，也是如此。让他们知道，这种情绪就在他们的体内，就在

他们的心中，它会像火山一样，在他们的心中爆发。小时候你们的圣诞夜是怎么过的呢，回忆一下当时的感受吧，是不是知道明早一起来，就能在圣诞树下发现礼物，你就激动得难以入睡，心里还有一种奇怪而又强烈的感觉，对不对？

6. 快乐：关于快乐，要说的并不多。当我们感到快乐时，我们都能意识到它，这一生，我们都在寻找着快乐。快乐时，我们会舒服地享受这种充实满足的感觉；不快乐时，我们则会千方百计地去寻找它。貌似只有意志消沉的人才会放弃寻找快乐，因为他们已经对未来完全不抱希望了。我们要习惯从"多多益善"的角度思考问题，也就是说快乐的事不分大小，都应该让其填满我们的家庭生活。身为家长，我们能留给孩子最好的东西就是：让他们学会憧憬未来，充满热忱、饱含激情地拥抱生活。

交流的艺术

下面这个故事会讲到孩子在童年时期常常会有的恐惧情绪。第一类对话中，母亲选择无视孩子的恐惧；而在第二类中，母亲则和女儿卡洛塔一起直面恐惧。

反面教材

"卡洛塔，我跟你说了多少遍了，你现在要学会单独回房间了。你都快 8 岁了，已经不再是小女孩了，你怎么还这么胆小？"

"才不是呢，我明明还是个小女孩呢。"

"哈，这时候知道承认自己小了。你体谅一下我吧，我今天真的很忙，我真的特别累了。我现在还要整理厨房，一大堆事都等着我做。你乖乖的，就一个人快去睡觉吧。"

"不，没有你陪，我是不会回房间的。"

"害怕只是你不想睡觉的借口。"

"不，妈妈，我真的很害怕！"

"那你到底怕什么呢？巫婆？火星人？还是怕外星飞船会降落在你房间里？你走几步路就回房间了，我又不是让你去月球！我和你一样大的时候，就不让外婆陪我回房睡觉了。"

"那我就待在这儿了，晚上我就在沙发上睡。"

"想都别想！那等会儿谁抱你上床？你长这么大了，我现在可抱不动你。你可真想把我累死。家里就我们俩，你怕什么啊？你已经过了可以任性的年纪了。你现在已经上学了，也不是不懂事了。为什么非要惹我生气？就算我求你了，快回你房间去，穿上睡衣，等一会儿我就过来。"

"你不陪我，我就不回。"

"卡洛塔，我真的是服了你了。好吧，走吧。你看，这儿除了一个捣蛋鬼小姑娘，什么都没有！现在穿上睡衣，快点上床睡觉。快点儿，我就在这儿待一会儿。"

"等我睡着你再走吧，不然我是不会放开你的手的！"

"马上把我的手放开。我就坐在这儿的椅子上，你知不知

道，我今晚真是被你气得不行。"

"妈妈，我真不想惹你生气，我真的不敢一个人睡。"

"你，你，你……你想到的都是你自己，那谁来照顾妈妈呢？够了，不说了，不然你真的再也睡不着了。"

正面教材

"妈妈，我怕黑……我不想自己回房间去。求你了，陪我一起去嘛。"

"宝贝，只要你一开灯，黑暗就会消失，什么都看得清清楚楚了。"

"虽然是这样没错，但是，妈妈，可能有人会躲在我床底下。就算我打开灯，我不知道会有什么在我房间里。"

"天啊，这确实太吓人了。我要是进了一个床底下藏着人的房间，我也会被吓得瑟瑟发抖。"

"对呀，所以我才想让你陪我一起去。"

"好吧，我和你一起回房间，看看床底下到底有没有人。但是你想一下，如果家里只有我们两个人，门还紧锁着，最近这两小时内也没人按门铃想进我们家里来，那床下怎么会有人呢？"

"妈妈，鬼进屋都是不按门铃的。它想去哪儿就去哪儿，不需要征得别人的同意。"

"那我们怎么知道有没有鬼呢？我听说鬼都是看不见的。"

"妈妈，我就是有点害怕，你跟我来可以吗？"

"好吧，卡洛塔，我和你一起。但我们得事先说好，我进去检查床底和门，如果没有鬼，我就回厨房，你就自己留在房间睡觉，好不好？"

"好吧，妈妈，不过你得先好好检查床底。"

卡洛塔和妈妈一起进了房间，妈妈检查了床底和门后说："一切正常。"

卡洛塔终于安心地爬上床，妈妈走出卡洛塔的房间，在另一个房间说："好啦，穿上你的睡衣，等会儿给你一个晚安之吻。"

"好的，妈妈"卡洛塔回答说。

"噢，对了。你把彩笔拿出来，我们可以画一幅漂亮的画。"

卡洛塔将睡衣换好，还拿出了彩笔，她还没有意识到，这次她一个人在房间里待了将近三分钟。

妈妈回到卡洛塔的房间，问道："你想画什么呢？不如把那些让你感到害怕的鬼魂画出来给我看看？我倒是要瞧瞧它们到底长什么样子，为什么不经过你同意就敢躲在床底下。"

卡洛塔的神情先是很严肃，又突然笑了起来，接着便拿起了画纸和彩笔。

引人深思

在第一段对话中，妈妈没有像往常一样陪伴女儿入睡，这样的变化让卡洛塔有些害怕。而妈妈只是要求卡洛塔要理解一下大人的不易，希望她少来打扰自己。因此卡洛塔只能独自面对自己的恐惧，她无法得到大人的帮助，也就不能渐渐克服她内心中的恐惧。值得注意是，故事中的大人不仅是不想安慰情绪不稳定的孩子，甚至想把错推到孩子身上，让她觉得自己在无理取闹。正因如此，大人才会失去充当孩子"情绪导师"的机会。

相反，在第二段对话中，妈妈重视女儿的情绪，并理解孩子的恐惧，选择陪伴卡洛塔，然后还用巧妙的方式让女儿明白，她远比那些自己害怕的东西强大。接着，妈妈让女儿通过绘画，表达出了自己内心中恐惧的模样。恐惧从何而来？它是什么模样？实际上，第二段中的妈妈懂得如何分担女儿的恐惧，并给到她具体帮助，让孩子从另一个角度面对恐惧，而不是直接忽视它。这样一来，孩子就不会在怀有某种情绪时感到手足无措，而是学着控制情绪、管理情绪，以及引导自己的情绪。当然，如果孩子身边没有一位杰出的"情绪导师"，那只能是一个不可能达到的目标罢了。

测 验

阅读下面的问题，每人选择与自身最贴切的选项，将答案写在纸上，并按照 29~30 页的步骤，完成测验。

	总是	经常	偶尔	从不
1. 我觉得生活很美好				
2. 我会对很多事感到害怕				
3. 我觉得自己是个好人				
4. 我会情绪失控				
5. 别人都懂我的感受				
6. 我会为自己的言行感到羞耻				
7. 我能把自己的感受说出来				
8. 我没有安全感				
9. 我很轻松				
10. 我也很难弄清自己的情绪				

分数

根据下列表格，计算自己的总分，并朗读对应的测试结果。

	总是	经常	偶尔	从不
1. 我觉得生活很美好	4	3	2	1
2. 我会对很多事感到害怕	1	2	3	4
3. 我觉得自己是个好人	4	3	2	1
4. 我会情绪失控	1	2	3	4
5. 别人都懂我的感受	4	3	2	1
6. 我会为自己的言行感到羞耻	1	2	3	4
7. 我能把自己的感受说出来	4	3	2	1
8. 我没有安全感	1	2	3	4

続表

	总是	经常	偶尔	从不
9. 我很轻松	4	3	2	1
10. 我也很难弄清自己的情绪	1	2	3	4

30~40 分：安全感十足

你很有安全感，不怕表达自己的情绪，也知道怎么表达情绪。在生活中，无论酸甜苦辣，你都有经历。你能理解身边人的情绪，并能做到感同身受。通过本章的互动，你将加深对自己情感的了解。

20~29 分：情绪稳定

大体上，你的情绪十分平静，也知道怎样管理自己的情绪反应。如果遇到麻烦，就算会有些困难，但你还是能好好解决，重新让自己的心情放晴。有时你会觉得很困惑，可能不清楚自己到底是怎么了，但最后你还是会挺过这段时期。只要好好阅读下文，你就能很好地应对别人的情绪，并进一步了解自己的情绪。

10~19 分：焦虑不安

有时，你会觉得自己受强烈的情绪操控并深陷其中，让你迷失方向、失去控制；有时，你不能把自己的感受，与最亲近的人分享；有时，你会觉得孤单，不受人理解。但幸好你不会总是这样。你偶尔也会有些愉快的经历，在这些情况下，你能好好地表达自己的情感。因此，本章会帮助你理解，当你想倾诉自己的情感时，到底有哪里不对。

0~9 分：缺乏安全感

你常常会为自己的情绪反应感到惊讶，并意识到无法控制它们。你觉得自己深陷其中，它们往往会战胜你所有的理智。在这种情况下，你会感到孤独，并时常认为自己得不到他人的理解。或许，你有时甚至会觉得，正是自己的情绪才让自己不顺心。而本章将会帮助你更好地了解你以及周围人的情绪。

游戏与互动

"情绪" 寻宝赛

时间：15 分钟。

类型：竞赛游戏，交流游戏。

受益指标：自制力，接受自己的错误与失败。

参与人数：2 人及以上。

建议年龄：6 岁及以上。

所需物品：

● 情绪表格（见下文）；

● 纸和笔。

游戏目标：讲述一段你们的情绪经历，以让你们具备相应的表达能力。

阅读下面写有各类情绪的表格，我们在日常或在某些时刻都可能有过这些情绪的经历。

情绪表格

快乐（1分）	不满（3分）	欢快（3分）
伤心（1分）	憎恨（3分）	狂喜（3分）
惊讶（1分）	妒忌（2分）	深情（2分）
害怕（1分）	爱意（2分）	友爱（2分）
不适（1分）	好奇（2分）	愉快（2分）
生气（1分）	仇恨（2分）	悲痛（3分）
平静（2分）	失望（2分）	激动（2分）
焦虑（2分）	绝望（2分）	心痛（2分）
感动（3分）	尴尬（2分）	冷漠（3分）
羡慕（2分）	思念（2分）	荣幸（2分）
无聊（2分）	有趣（2分）	开朗（2分）
讨喜（2分）	希望（2分）	孤独（2分）
羞愧（2分）	害怕（2分）	温柔（2分）

每人轮流选择表格中的一种情绪，并将它写在纸上，不能让别人看见。接下来，请回忆起一个让你感受到这类情绪的场景，并将那次的经历讲给其他人听。游戏只有以下两个规则。

（1）经历必须属实。

（2）在讲述时，只需描述事件，不用表明是哪种情绪，不然就会扣分。比如："小学三年级的班主任，看我学习和表现都很好，就安排我和另外一个男生坐在一起，这个男生爱说话，特别吵闹。那时我什么都没说，但要搬书包时我就哭了出来。"在这段描述中，选择的情绪是伤心。

选一人开始游戏，为他人讲述自己的经历，剩下的人都试着猜一猜，讲述人那时最强烈的情感是什么。当每人都说出自己的猜想后，讲述人再揭晓自己的答案，如果有人猜对了，那刚刚回答的人，不管对错，都将获得相应的积分（请参见情绪列表），然后各自记下自己的分数。

在轮到下一位讲述前，每个人都可以谈谈自己听故事时的感受。直到所有人都至少讲述了一次经历后，游戏才会结束。如果你们想把游戏玩成竞赛，那结束时，你们可以看看谁的得分最高。

"镜中的自己"

时间：15分钟。

类型：交流游戏。

受益指标：自制与自律。

参与人数：2 人及以上。

建议年龄：4 岁及以上。

所需物品：情景列表（参见下文）。

游戏目标：更加了解他人对我们的看法。看到别人模仿我们的反应时，我们会非常吃惊，很多时候还会哑口无言，说不出话来。

下面的列表列举了可能发生在日常生活中的各种情景。

情景列表

（1）考试结果不尽如人意。

（2）洗衣机坏掉，把厕所淹了。

（3）面煮糊了。

（4）有人把桌子上装满水的杯子打翻了。

（5）我在体育比赛中赢得奖项。

（6）家里忽然来了客人。

（7）给一位不太喜欢的熟人打电话。

（8）孩子对妈妈 / 爸爸说，自己对谁产生了好感。

（9）我看见了彩虹。

（10）只剩下一块蛋糕了。

（11）家里的玩具扔得到处都是。

（12）我得了重感冒。

（13）有一天晚上突然停电了。

（14）今天吃的是素菜汤。

（15）因某事被别人训斥。

（16）有人和我说，我很特别。

（17）有人想找我借对我很珍贵的东西。

（18）我把玻璃杯掉在地上了。

（19）我还在准备惊喜时，就被别人发现了。

（20）我会赤脚抱紧腿，蜷缩在椅子上。

每个人轮流在列表中选择一个情景，并抱着"我倒想看看，如果发生这类情况，你们觉得我会做何反应"的想法，叫上其他家庭成员，根据他们对你的了解，模仿你在那种情况的反应。其他家庭成员，每人一次，即兴模仿出你最可能做出的反应。模仿时可以用上话语、表情、姿势，以及所有能够表达内心情绪与想法的方式。

被模仿的成员应像观察镜子一般，在所有人模仿结束之前，都不能给予任何评论。结束后才能表达自己的想法：也许他会承认表演十分还原，也许会说不喜欢这个表演，或者还会说，你们眼中的样了和他想象中的不太一样。要是愿意的话，其木人也能表演一下，自己在那个情形中会做何反应。

第一轮结束后，换另一个人继续游戏。你们也可以自设一些自己很好奇的情景，看看别人在这些情形中，会如何模仿你

们的反应。要是你们喜欢，想玩儿多久都行。但每个人都至少选择一种情景，看看其他人会如何即兴模仿自己。

情绪身份证

时间：15分钟。

类型：竞赛游戏，交流游戏。

受益指标：自制。

参与人数：2人及以上。

建议年龄：5岁及以上。

所需物品：

- 问题列表（见下文）；
- 纸和笔。

游戏目标：测试家人对我们的了解程度，并了解他们如何看待我们。

每个参与者都要回答下面列表中的问题，并在纸上写下自己的答案，不能让其他人看到。

问题列表

（1）哪首歌曲会带动我的情绪？

（2）哪部电影／动画最能带动我的情绪？

（3）在家时，我会因为什么而常常生气？

（4）在家里，我最喜欢的地方是哪儿？

（5）我最喜欢和哪个朋友待在一起？

（6）我最喜欢哪种颜色的衣服？

（7）在家时，我最喜欢的休闲方式是什么？

（8）对我来说，最近几个月里，哪一天是和家人度过的最特别的一天？

（9）我最讨厌什么？

（10）我最害怕什么？

当所有人的答案都写完后，游戏才正式开始。游戏规则是，你们向他人询问列表中关于自己的问题，对于每个问题，你们可以选择一位家庭成员作答，并尽可能得到多次正确答案。例如，你们可以询问自己的伴侣第（1）、（3）、（5）、（6）题，向自己的女儿询问第（2）、（4）、（10）题，向儿子询问剩余的问题。

且在提问过程中，这10个问题至少要询问2位家庭成员（家里只有2人的除外）。当然，每一个问题，你们都可以选择一个在某个方面你们觉得最了解你们的人来回答。得到别人的回答后，将他们的答案写在纸上。最后，你们可以公布自己的答案，对照一下，别人答对了多少个。

在轮到下一个人之前，先谈谈自己听到别人答案后的感受，说说自己有多么认同，或是有多么失望。在所有人玩过后，游戏方可结束。

情绪卡片

时间：45 分钟。

类型：合作游戏。

受益指标：自制。

参与人数：2 人及以上。

建议年龄：4 岁及以上。

所需物品：

- 白色卡纸；
- 杂志若干；
- 剪刀；
- 胶水；
- 画笔若干。

游戏目标：学习如何用表情和手势表达自己的情绪。

拿出一张厚厚的白色卡纸，裁剪出 18 张矩形卡片（长 15 厘米，宽 10 厘米）。如果你们只有 A4 纸，可以将它分成四等分。接着，翻阅准备好的各式杂志，寻找关于面部表情、手势、姿势的配图，并按照你们的想法，将符合以下六种基本情绪的配图剪下。

- 愤怒
- 伤心

- 厌恶
- 害怕
- 惊讶
- 开心

剪下插图后，为每种情绪制作三张卡片，在卡片上方写下情绪的名称。写完后，你们可以讨论一下，哪些剪下的配图与之对应，如果想法一致，那就将配图贴在卡片上。当然，在杂志里找到所有与情绪对应的配图并不简单，因此，我们建议，一定要仔细翻阅多本杂志。如果真的找不到配图，那你们可以根据自己的想法，画一张与之对应的面容。

观察你们做好的卡片，然后相互交流以下几点。

- 哪些情绪在杂志中很容易就能找到？而哪些又恰恰相反呢？
- 每张卡片上有哪些表情、手势和姿势，让你们觉得是与其对应的？
- 用哪种面部表情表达这些情绪是最合适的？为什么？

猜猜我的心

时间： 15 分钟。

类型： 竞赛游戏。

受益指标： 自制，交流。

参与人数： 2 人及以上。

建议年龄： 4 岁及以上。

所需物品：上个游戏中制作的情绪卡片（但这里只用得着 6 张，包含 6 种基本情绪即可）。

游戏目标：熟悉每个人的情绪，以及表现情绪时的表情与手势。

每人抽一张情绪卡片，且不能让其他人看到你抽中的内容。然后用表演的方式，再现一件真实发生在你们之间，或是在家中的事情，且与卡片上的内容有关。表演时可以一人分饰多角，展现你们的表演才能。表演结束后，每人发表一下自己的看法，说说自己主要观察到的是哪种情绪。待所有人回答后，亮出自己抽到的卡片，然后对照"观众"的答案，看看刚刚表演得怎么样。本次游戏只有一个规则：在即兴表演时，不能提到自己抽到的情绪，比如"今天是我最幸福的一天！"这话一说出来，就没有猜想的空间了。因此，所有能直接表达心情的词语，都不能在本游戏中提到。要是有人违反了规则，那就重新抽一张牌，然后从头开始。能让别人猜中自己抽到的是哪张牌，就算胜利。

"故事绳"

时间：30 分钟。

类型：合作游戏。

受益指标：自信，自制。

参与人数：2 人及以上。

建议年龄：6 岁及以上（如孩子只有 3~5 岁，可以用画画描述的方式，参与到本次游戏中）。

所需物品：

- 一团毛线；
- 两张 A4 纸；
- 晾衣夹或透明胶带；
- 画笔。

游戏目标：鼓励家庭成员，尤其是鼓励孩子，将那些也许从未在家说过的个人经历，与家人说一说。

补充说明：这个游戏十分有趣，可以通过游戏的形式，营造亲密与谈心的氛围，但为了每个人的游戏体验，遵守一些规则也非常重要，不然好树也会结出坏果。每个人都要尊重别人分享的心事，绝不能刨根问底，只有这样做，最后才会获得好的结果。大人在选择分享的事件时，建议可以挑一些适合与孩子分享、美好且简单易懂的个人经历。

在房间两道相对的墙壁间，拉好两根毛线，将其末端固定在离地面约 1 米的位置（可以绑在门把手、橱柜门、窗户或钉子等物品上）。然后在两根线上夹上晾衣夹。现在就可以开始游戏，准备将自己的"衣服"晾上去啦！

每个人都应尝试与家人分享两件事，一件让你很开心、对

你很重要，另一件则让你伤心、难过。它们可以是发生在家里或学校，最近或以前的事。本次游戏将会是你们相互倾诉的好时机，也是与家人分享自己重要时刻的好机会。

当你们想好要分享的两件事后，拿出一张 A4 纸，写上以下内容。

- 为开心的事取一个概括性的标题，并写在纸上。
- 简述自己遇到的事情（人物，地点，故事经过）。
- 写下当时的心情（至少写下 3 种情绪感觉）。

第一张写完后，重复上述步骤，将让你伤心的那件事写在另一张纸上。

当所有人都写好两张纸后，一同决定哪根绳子代表"开心"，哪根代表"伤心"，最后分别用夹子夹在上面。

夹子都夹上后，每个人阅读家人写下的内容，但不能发表任何评论。

最后所有人坐在一起，谈谈阅读卡片时，自己有什么感受。但不许刨根问底，或是批判他人。每人的分享都应受到无比真诚的尊重，这一点非常重要。如果让孩子觉得自己向你们倾诉后得到的是批评，那以后他们就很难向你们敞开心扉。

用双手表达

时间：15 分钟。

类型：交流游戏，合作游戏。

受益指标：安全感，自制，信任。

参与人数：2 人及以上。

建议年龄：4 岁及以上。

游戏目标：训练表达情绪的能力。

补充说明：一个很简单的游戏，适合需要感情交流时玩，尤其建议在晚上玩。

游戏要求是不能用言语向家人表明自己的心情。两人一组（如家庭人数为单数，可以轮流进行），面对面在舒服的位置坐下。如果愿意的话，还可以放些古典音乐营造氛围。各组的每位成员向另一个人传递一种正面情感。举例来说，你要对他的帮助表示感谢，对他表示爱意，对犯下的错误表示歉意，让他知道他永远不会孤单，鼓励他，等等。想要传递什么，都由你们决定，但不能用话语表达出来。

现在游戏正式开始，各组决定由谁先开始，另一人则准备"倾听"。双方闭上眼睛，"表达方"握住"倾听方"的双手，只能用手部或手指的动作，尝试着将自己的感情传递给对方，而"倾听方"不能有任何动作。倒计时 2 分钟，将脑子放空，忘掉所有的工作，摆脱所有的杂念，让自己沉浸在这愉快而铿锵有力的无声交流之中。第一位"表达方"结束传递后，捏一捏"倾听方"的手，让他慢慢睁开眼睛，休息一会儿。

接着，双方互换身份，准备好之后，再将眼睛闭上，重复

刚才的步骤，开始新一轮的无声交流。

所有人都完成游戏后，再互相谈谈自己的感想。

- 当你们仅靠双手交流时，你们有什么样的感觉？
- 当你们在"倾听"时，你们有什么样的感觉？
- 游戏时，你们产生了哪些情绪？
- 你们会对这么长时间的身体接触，感到不好意思吗？
- 你现在想对家人说什么吗？

如果家里的人数超过 3 人，则可以另外组队，改天再玩一次。

面部按摩

时间：15 分钟。

类型：交流游戏，合作游戏。

受益指标：安全感，自制，信任。

参与人数：2 人及以上。

建议年龄：4 岁及以上。

游戏目标：熟悉表达情绪的面部表情。

补充说明：游戏中，通过抚摸带动参与者的情感，令他感到舒心。当你们已经穿上睡衣，准备上床睡觉时，就是最理想的游玩时间。

面部按摩时间到！这能让你们知道和了解家人面部的所有特征，以及通过移动表达内心感受的各个部位。两人一组，并决定哪个先给对方按摩。另一人则需躺在舒适的地方。建议你们按摩时，动作可以温柔些，主要用指肚按摩。

步骤一：来按摩的"顾客"必须保持静止不动，"按摩师"要兼顾面部每一个部位，并在一些特殊的部位多按一会儿。

● 眼睛：用指肚轻轻地按摩双眼周围上，尤其要在眼睑上多揉一会儿。稍微拉伸眼角，微微地扯动该部位的肌肉，因为这个部位在面部表情中尤其重要。

● 额头：将额头的皮肤反复挤压伸展，用指肚兼顾每个其部位，并在看起来最紧绷的部位，多按一会儿，放松"顾客"的肌肉，让其感受到你们的温暖。

● 鼻子：逗逗"顾客"的鼻子，用手指按摩每个部位，让对方意识到自己的特征，并通过轻轻掰动鼻尖，变化"顾客"的面部表情。

● 嘴巴：这是在所有交流中，最敏感、最重要的面部部位。可以向上或向下抬起"顾客"的嘴角，探索不同的面部表情。

步骤二：现在，"顾客"放松整个脸部，"按摩师"将扮演雕刻家的角色，在"顾客"脸上塑造各种不同的表情。顾客的脸现在就要像泥塑一般，要维持住按摩师在自己脸上摆出的表情。可以是快乐、严肃、害怕、好奇的面孔，等等。按摩师还可以动用顾客的其他身体部位，以更接近想要表达出的内心情感。

"雕塑"完成后，可以拿出一面镜子，让对方看看，自己在他脸上留下的作品。

两个步骤最多玩 4 分钟，一轮结束后互相交换角色，最后再讨论各自的感受。

- 自己有什么感受？

- 你们喜欢给别人按摩还是享受按摩？

- 哪个面部部位对触摸最敏感？

- "按摩师"在你的脸上摆出了哪些表情？

电影推荐

《少年透明人》(*Il ragazzo invisibile*)

导演：加布里埃莱·萨尔瓦托雷斯

上映时间：2014 年

制片国家 / 地区：意大利，法国

片长：100 分钟

类型：科幻

我们的评价：意料之外。

适龄范围：任何年龄段都能观看，但 10 岁及以上能更理解故事情节，小孩子尤其喜欢这类电影。

电影关键词：自我评价，同理心，成长。

电影相关：本片是为数不多，以孩子为受众，讲述超级英雄故事并运用大量特效的意大利电影之一。

剧情简介：迈克尔受同班同学欺负，他们会捉弄迈克尔，绝不错过开迈克尔恶趣味玩笑的每次机会。迈克尔的父亲已不在人世，母亲虽是一名警察，但迈克尔处处隐瞒，不愿向母亲寻求帮助。一天，他发现自己拥有了超能力——隐身。多亏这个超能力，他找到了对付霸凌者的办法，但也不仅限于此，那些关于超能力的发现比这重要得多。

观看理由：本片讨喜的风格可以吸引很多孩子，但又阐释了"何为伟大"的含义，因此也会让大人受益匪浅。孩子的身体与成长密切相关，但电影在讲述成长的转变时，却看不见主人公隐形的身体。迈克尔发现，拥有一项特殊能力，就要承担相应的责任；他的超能力让他会思考一些深刻的问题："我能相信谁？""我做些什么能改变现状？""对其他人来讲，我又是谁？""人们的面具底下，又隐藏着什么？"隐身能力给了迈克尔勇气，让他可以认真观察他人而不被察觉，也让他发现了别人的秘密和弱点。比如，后来迈克尔发现，在那些嚣张的同学背后，都隐藏着一些故事，让人明白他们做出那些事的理由。这部电影讲述了一段成长的旅程，尤其会引人深思——孩子青春期与人交往时，身体是如何在提供便利的同时，又造成交往的阻碍呢？

看完之后：谈谈什么时候你们最想变成透明人。

《雷蒙·斯尼奇的不幸经历》(*Lemony Snicket — Una serie di sfortunati eventi*)

导演：布拉德·塞伯宁

上映时间：2004 年

制片国家 / 地区：美国，德国

片长：108 分钟

类型：科幻

我们的评价：不容错过。

适龄范围：10 岁及以上。

电影关键词：哀伤，情感，友谊。

电影相关：电影的优美配乐出自托玛斯·纽曼之手，但与他之前为《海底总动员》创作的配乐旋律非常不同。

剧情简介：故事的主人公是波特莱尔家的三姐妹，由于一场不幸的意外，他们突然就成了孤儿。但双亲的逝世、接踵而来的厄运，以及伴随着三个孩子的灾难，似乎都有些蹊跷。三姐妹有个年老的远房亲戚，他想得到三姐妹父母留下的巨额遗产，因此就暗中针对这三个孩子。这恶毒的亲戚用尽一切手段，都想得到他们的财产，但三姐妹也并不简单。

观看理由：不管是对大人还是小孩，这部电影的故事都引人入胜，十分精彩。导演毫不顾忌地将现实的残酷与戏剧性，尽可能地展现了出来，并未采用幼龄向的表达方式。事实上，除了三姐妹的冒险之旅，这部电影还有一个扣人心弦的主题：对抗厄运，战胜失去亲人的悲痛。故事中的亲戚不去保护孩子，反倒想残忍地迫害他们，电影通过讲述成年人的邪恶形象，可以在保持"安全距离"、不对孩子造成实际伤害的情况下，深层次地探索孩子们思想和感情上的世界。

这是部哥特式的悲惨童话，三位小主人公展示了团结、观察和读懂情势的能力，以及区分能相信谁、不能相信谁的本领，特别是她们那永不言弃的勇气。波特莱尔三姐妹心怀希望，懂得细心照顾彼此。虽然要面对巨大的挑战，但他们从未放弃尝试，他们能将最悲痛的经历融入看待生活的方式中，认为生活依然值得，这就是他们身上最强的本领。说到这里，就得提一下电影最后的独白，它赞颂了当命运好似抛弃我们时，还怀有的那份希望，是一首对希望的赞歌。这部电影说明，人类的力量在于能承受各不相同的经历，如爱与失去、快乐与痛苦。全家人一起看这部电影，会是一次相当特殊的机会——全家一起欢喜一起忧，无论老少，都能分享自己心目中的那份美好，以及对那份美好的思考，让每个人都知道，自己拥有超越极限、面对一系列不幸的力量。

看完之后：轮流讲述你们是如何面对生活中的一次不幸，什么帮助了你，以及遇到些什么阻碍。要是家里的孩子太小，就帮他们回忆一次特别艰难的情形，并由你们说清，他们当时做了什么。

《大魔域》（*La storia infinita*）

导演：沃尔夫冈·彼德森

上映时间：1984 年

制片国家 / 地区：德国

片长：92 分钟

类型：科幻

我们的评价：老少咸宜。

适龄范围：8 岁及以上。

电影关键词：情感，哀伤，友谊。

电影相关：本片改编自米切尔·恩德的畅销书《永远讲不完的故事》。事实上，原作者对电影版的改编感到不满，还起诉了导演，但以失败告终，可没想到的是，这部电影在全球都享誉盛名。在此建议，10 岁以上的孩子，可以在看电影之前先阅读一下原著。

剧情简介：母亲死后，小巴斯蒂安因同学的捉弄，不想去上学。科幻书是他唯一的慰藉，因为在书里，他能想象自己过着完全不同的生活。一天，书店老板向巴斯蒂安推荐了一本书，他拿起书就立马到阁楼读了起来。突然，他发现自己成了一名冒险的小弓箭手，他要竭尽全力阻止幻想国被"空无"吞噬。在这场战斗中，他将与一位十分独特的同伴，一起面对许多考验。

观看理由： 这部电影告诉我们，对生活充满信心是面对任何阻碍最有力的武器。在幻想国，巴斯蒂安需要面对很多挑战，这些挑战象征着人们在日常生活中，约束自己的情感。比如只有那些自爱自信的人，才能赢得南方神谕；而在悲伤沼泽，那些因悲伤无法振作的人，将会被沼泽吞噬；另外，在魔镜之门，与内心的自己面对面时，只有胸怀勇气面对恐惧的人，才能自救。虽然这是一部科幻电影（这也是为何故事发生的地点叫作幻想国），但它真正想要传达给大人和孩子的信息，就是不要让"空无"和内心的绝望"吞噬"自己。在面对困难时，特别是面对那些似乎难以逾越的困难时，一定不要放弃，要不停寻找出路，不要局限于眼前，不要放弃耕耘自己的梦想。无论时代如何变迁，《大魔域》还是能够吸引孩子们的兴趣，也能给大人一次完美的机会，向自己的孩子推荐我们小时候喜欢过、看过的东西。

看完之后： 对抗"空无"时有一些不得不面对的挑战，在其中选择一项，想象自己是巴斯蒂安，你们会怎么做？

第五章 主体意识
在所处环境中的自尊

我比你想象中能干！

在我还小的时候，爸爸总是杞人忧天。每次和他旅行，他都会不断嘱咐我，要时刻保持警觉，提防所有可能的危险。妈妈虽然没有爸爸那么严重，但毕竟人都是有样学样，平常也会管着我。所以，我的童年总是有很多限制，很多事我都不能做，也很少有机会能与朋友一起玩，或接触到院子栅栏外的世界。虽然我家庭院也不小，但总感觉缺了点什么。

我第一次接受圣餐 ① 时，祖父凯撒送了我一辆漂亮的自行车，他将自行车送给我时说："这样你就可以去探索世界了。"他住在离我们 300 千米远的地方。他一定想不到，我之后只能绕着院子骑自行车，我在院子里骑了好几百万圈。我很少有机会能骑到外面去，在镇里转一转。无论是去上游泳课，还是去学校，甚至是参加同学的生日会，无论到哪里，父母都会跟着我一起去。

———————————

① 圣餐是指天主教宗教仪式，小孩子第一次圣餐意味着被天主接受，因此意义重大。——译者注

的确如此，我经常邀请朋友到我家里玩，但他们都成不了家里的常客，因为妈妈不是觉得这个太活泼，就是觉得那个太多嘴，不是觉得这个太粗俗（有一次足球比赛有个朋友点球，他射门失误后说了句脏话），就是觉得那个没教养。

总而言之，我的童年就是在一堆条条框框和对自由的渴望中度过的。上了初中，我第一次意识到，原来自己与同龄人的生活是那么不同，他们过得比我有趣多了，我也因此感到很痛苦。很多人都是自己走路或骑自行车上学，而我爸爸每天早上都会开车把我送到大门口，目送我穿过院子，从大门口的玻璃门进去。只有这样，他才会回到车上，开车去上班。

另外，每天下午，我的朋友都能去教堂旁的小操场踢足球或打篮球。而我母亲则坚决反对，照她的话说，"那就是个毒贩子扎堆的地方，谁去了就容易被盯上"。但据我所知，我的朋友中没有一个人染上毒品。

最后，这一切都在我初一准备学校旅行时爆发了，我要去佛罗伦萨待三天。那将是我第一次在外面过夜，去探索一个我从未去过的城市。坦白讲，我对那些古迹一点儿也不感兴趣，我只想过几天自由的日子，摆脱父母那过于严厉的管束。但不想也知道，爸爸肯定不会同意，"不准去佛罗伦萨旅行，"他斩钉截铁地说："如果你非得去，今年夏天爸爸妈妈陪着你去。"

他说的话刚开始令我很伤心，但之后悲伤逐渐演变成了愤怒，这种愤怒令我自己都感到惊讶。当晚，我一夜没有合眼，第二天就是出发旅行的日子，早上 6 点，当同学们都纷纷坐上

大巴要全班出去旅行时，我却在床上哭得很绝望。早上7点15分，当妈妈来到我的房间叫我起床上学的那一刻（不去旅行就得上课），我假装刚睡醒起了床。我像往常一样做好了出门的准备：吃早饭，上厕所，然后拿着背包和爸爸一起上了车。我在车上一言不发，没有理他问的任何问题。我在校门口下了车，穿过院子，照例从正门进去。但这次进门后，我站在门口透过玻璃，看着爸爸开远。随后，我趁着其他同学进进出出之际，偷偷溜了出去。我来到了学校的院子，在一棵巨大的橡树背后找到了一个藏身之处。我在那里待了至少2个小时。然后，在下课铃声响起之前，我翻过栅栏，朝着镇上的教堂走去，途中生怕有人认出我。那时，教堂旁已经没有什么人了。我躺在草坪上，慢慢睡着了。几个小时后，是朱塞佩神父叫醒了我。

"马特奥，你在这里做什么？警察、社会服务机构……大家都在找你。你的父母疯了似的满镇找你。"当时是下午4点半。我原本3小时前就该回家的。听完，我哭了出来，我哭了很久，向朱塞佩神父说明了一切。

"我会和你的父母谈谈。"他向我保证，然后通知了我的家人、社会服务机构和当地的警察局局长，"没事，孩子在我这里，我现在就送他回家。"回到家后，爸爸妈妈的脸色苍白，毫无血色，就像我遭遇了什么不测一般。然而，我当时只不过是睡着了。

朱塞佩神父让我先回房。他和我的爸爸妈妈聊了很久。我听见了他们激烈的讨论声。然后神父来到我的房间，说："从这周日开始，你就得参加童子军活动，这事儿就这么定了"。

那天早上，虽然我没有去成佛罗伦萨，但我却开始了一生中最美好的历险。童子军恰恰就是我最想要的：真挚的友谊、刺激的冒险、与大自然的亲近、露天野营、无尽的探险，以及待人友善、不急不躁的向导和教员。一切都是全新的开始。起初与同伴相处起来并不容易，但我很快就了解了他们的为人，他们的生活方式。之前，如果没有父母的允许，我什么事都不能和别人一起做，后来第一次发现自己原来在全新的环境中，也可以自由地交谈、做事和玩耍。

后来，我参加了童子军，待活动结束，父母来接我时，妈妈差点吓晕过去：我们自己在河上搭建了一间高脚屋，并且在里面睡了 10 天。知道这 10 天来，居然是我和其他五个朋友一起负责全营的番茄意面和咖喱鸡胸肉时，妈妈露出了难以置信的表情。

"妈妈，你不信吗？"我问她，"那我今晚就做给你吃。"

回来的路上，爸爸在超市门口停了车，我们一起去买东西。那天晚上，妈妈说："没想到你的厨艺这么好。"这是我第一次得到她的认可，当然也不是最后一次。

"照我说的做！"我们对孩子说过多少次这句话？还好，这样能向他们清楚说明在某些场合下，父母希望他们该有何表现，能够防止他们不停地顽皮，以免浪费时间。在许多重要的问题上，特别是在幼儿教育上，家长要有一个清晰的思路，知道孩子应该要有哪些经历，知道如何教导孩子，以实现自己的教育目标。

我们经常看到，很多父母自身都很软弱，做事也拿不定主

意，甚至给孩子吃什么都决定不了，但家里有一套行事规则。父母能在大小事上拿定主意，才是对孩子成长有益的事。看到举棋不定的大人，孩子也会变得和他们一样。吃饭时，就有一个最典型的例子，如孩子会说："我想要素面，哦不，我要番茄意面！"。然而，当他发现盘子里是番茄意面时，就会突然哭喊起来："不对，我要吃素面，哦不，我要吃米饭！"而更离谱的是，很多家长却不会坚定自己的立场，让孩子把自己煮的东西吃掉，而是会马上回厨房，真的给他重新做一碗焗饭。做完才发现，焗饭也不合他的心意。有家长朋友跟我们说，他们已经换了好几次家里的菜谱，生怕孩子什么都不吃就直接下桌子走人。

在本章中，我们将着重聊聊问题的另一面，即身为父母，我们得清楚意识到，在教育上为孩子树立什么榜样，才能正确有效地引导他们，使其养成规律的习惯，以让他们对时间规划、人际关系，以及自己的生活方式产生初步的认识与了解。但在这个过程中，大人也不能做得太过，我们还得增强他们的主人公意识，也就是说要逐步培养他们的独立自主性，不能让孩子在我们定下的规则中喘不过气来。

行动能力与表达能力

首先我们要试着区分这两种不同的概念，从心理和情绪上给予孩子的相关暗示来看，可以解释为行动上和表达上的作用。

我们要知道的是，这两种作用都十分关键。同时，我们还得清楚，从本质上将两者区分开来也稍显牵强，因为很多时候，在考验孩子行动力的事情上，也会用到他们的表达能力，反之亦然。我们在此区分出这两种类别，也是为了明确在孩子成长过程中，家长应该注意哪些方面。

当某事考验孩子的行动力时，就会增强他们的行事能力。这就是说，可以建议孩子采用某种固定的方式处理某样事务，这样就能取得预期的结果。也可以引导孩子，使用某种正确的方法，完成我们交代给他们的事。这样做是为了帮助孩子形成一种行为习惯，激发他们的学习模仿能力，教会他们做好某些特定的事情，使其在需要锻炼、经验、准则与习惯的领域中，也能胜任自己的职务。但这样教育孩子，会很难让他们表达自己的看法，展现出自我的各个方面，而这两点都只能通过其他方式才能有所促进。总的来说，采取某种解决问题的定式，可以简化家庭成员的相处模式，以减少产生意外与矛盾的概率，也能避免做决定必须征求多人意见时的麻烦，简化拿定主意的过程。

而考验孩子表达力的事务，则能激发他们其他方面的潜能，能让他们表达自我，去做更符合主观喜好以及个人优势的事情。因此这样能让他们积极参与到自己的日常生活中。在这种情况下，孩子不仅是家庭生活中的"客体"，只能一味地接受，他们也是"主体"，是自己人生的主角，能与家人对等分享自己的经历，而他们能做的事也会随着自身能力的成长慢慢变多。

想让孩子变成家庭生活中的主角有很多种方法。"你想我们一起读哪本书？""你想和妈妈一起画什么？""今晚我们一起看你选的电影或动画片吧。""给奶奶准备一个小礼物吧，这样我们去看她时，你就能给她一个惊喜啦！""我想用些留言条装饰一下冰箱，你把想让客人看到的哪些话告诉我，然后我把它们写在纸条上，再用磁铁贴在冰箱门上""下周咱们家要办一个艺术展，你把想挂在墙上的画准备好，我们到时候展示出来，或许还可以邀请一些朋友来欣赏一下。""明天是你阿姨的生日，你要不要写封信给她，让她知道你有多爱她？"这些话你们听着有多熟悉呢？话里都带有强烈的建议意味，一方面可以帮助孩子表达自己的情绪和感受，另一方面也能帮孩子做出选择，积极参与到家庭生活中。这样他才能知道，原来亲人对他所做、所想以及所经历的事，都给予了重视。

另外家庭生活还能给孩子提供数不清的机会，让他们为其他人做一些大大小小的事情。如收拾餐桌、倒垃圾、为大家准备开胃饮料等。当然，3岁孩子的能力范围与11岁的孩子不会相同，因此大人要根据孩子的潜在能力，鼓励他们去做难度不同的事情。就拿10~13岁的孩子来说，他们就能做到很多事。在这个年龄段，他们的行动力和表达力会显著提高，因此，必须要重视并培养孩子的这两项能力。

通常来讲，身为父母，我们很擅长在学业，或体育项目这类事情上支持他们，在这类事考验孩子行动能力，孩子也会遵循为其制订的计划，接受特定的技术性训练。然而，在孩子表达能力这块儿，我们下的功夫却少之又少。其实与其他方面相比，孩子的表达能力才是提高自尊等级的关键。当孩子做成一件事后，最常得到的赞美和认可，就是一句"你太棒了"，其隐含的信息就是："你真的能把事情做好"。但当孩子完成表达性的事务时，我们给予的反馈却截然不同，那时我们会说"干得真漂亮！"或"我真替你高兴"这样的话。第二种对话传递的信息与第一种相比，能更体现教育计划的特别之处。在第二种情况中，孩子会在情感上看到自己的重要性，还会意识到，原来自己在乎的人能与自己感同身受。如果说在第一种情况下，孩子在完成任务后能感到自豪与满足，那么在第二种情况下，则对他有更深层次的潜在影响，他会在内心深处感觉到，自己得到了赞赏、理解、关注以及肯定。

正因如此，在孩子幼年时期就系统培养其表达能力，使这种做法融入家庭关系，以及与孩子相处的日常生活中，就显得尤其重要。通常来说，家长想要实现这个目标并不简单，因为忙碌的工作和生活的压力已经让我们喘不过气来，我们根本就没时间做到顺其自然。一般来讲，为了培养孩子的行动能力，我们已经在百忙之中抽出了不少时间——陪孩子上游泳课、去开家长会，还有其他很多事都由我们负责，因为这些对孩子来说也是缺一不可。但是我们还是在本章，也可以说在整本书中，为你们提供了一些需要腾出时间和空间的亲子游戏。出于这个原因，如果在培养孩子主人公意识时半途而废，那其培养计划就会有被彻底忽视的风险，而这对孩子来说又无比重要，因为

在表达能力的层面上，它还能提高孩子的自尊等级。

家长朋友，你们也一样

需要注意的是，表达能力的重要性对家长也同样适用。身为孩子的监护人，意识到自己的重要作用，在日常生活中为家人做出大大小小的贡献，提高家庭自尊等级，这会让你们为所做的一起感到满足。有时琐碎的日常以及繁忙的工作或许会让家长疲惫不堪，在面对为人父母的挑战时，可能会感到压抑和无力。例如很多父亲会说，他们觉得自己不怎么受妻子和孩子待见，而产生的不安心理，就好像他们对家庭的贡献仅限于通过工作，维持家庭开销这一件事。而另一方面，有些母亲则会觉得被家内外的事压得喘不过气来，根本没有时间享受，也无暇顾及除家庭之外的事情。

在本章中，我们会提出一些建议，以协调家长朋友在繁杂工作，与寻求自我认可上的关系。这种需求对你们来说尤为重要，因为只有通过自我认可，才能坚定自己面对难题上的决心，才能相信自己有能力，用充满创意的方式在今后的每一天中，带领自己的家庭前进。

交流的艺术

在接下来的故事中，主人公罗贝塔是一个极具表达创造力的小姑娘，而不同对话中的母亲也以不同的方式回应自己的女儿。

反面教材

7岁的罗贝塔正独自在餐桌上用水彩笔画着画，用的颜料是上次朱莉娅阿姨送给她的生日礼物，说服妈妈拆开可费了不少劲儿。在罗贝塔看来，水彩颜料像游乐园一般充满了乐趣，在画画的同时又能蘸水玩儿，正好都是她最爱玩的，但妈妈却一直在旁边不停地念叨。

"要小心，颜料很容易弄脏衣服。对了，你还是穿我的围裙吧，别把你干净的短袖弄脏了。"

罗贝塔放下画笔，拿起围裙系好，然后又接着画了起来。

过了两分钟，妈妈还站在她的身后，说："别把太多颜料混在一起了，如果画笔上蘸的颜料太多，颜色就都毁了，到头来你就混不出你想要的颜色了。"

罗贝塔点了点头，在试完每种颜色后，就将画笔浸到水杯中清洗。

但这时妈妈又说道:"刷子弄得太湿了,纸张会浸湿的,那这幅画就毁了。你要注意点。"

妈妈在一旁指导念叨让罗贝塔有些烦,她有些粗暴地想拿小抹布把笔刷稍微擦一下,结果一不小心手肘就撞到了装满水的塑料杯,水全都洒在了桌子上,把画纸也弄湿了。

妈妈火速地冲进餐厅,说:"我早就说过了,你还太小了,不能用水彩笔!你阿姨就该在买之前先问问我能不能给你买。要是她给你买的是一盒彩色铅笔就好了,这样又不会弄脏东西,你也知道怎么用。现在我就把所有的东西都没收了,到明年为止,你都别准备在家里再提水彩笔的事儿!"

罗贝塔默默流下眼泪,然后起身回到了自己的房间。

正面教材

"妈妈,我可以用朱莉娅阿姨在我生日时送给我的水彩笔吗?"

"水彩笔?啊,对,我想起来了,那套水彩的颜料确实挺特别的。有很多不同深浅的颜色。"

"什么意思?"

"就是说,你可以画出很好看的渐变色。你知道什么是渐变色吗?"

"当然啦,妈妈,我们在院子里捡叶子时,老师就给我们解释过了。"

"要想用好这盒漂亮的水彩笔,你最好先用原来那些旧的水彩笔练习一下。你想试试吗?"

"想！但是朱莉娅阿姨送的那一盒水彩笔肯定比这些好用多了，这些水彩笔的刷毛都脏了。"

"确实如此，但只要你稍微清洗一下，你就会发现它们会变得特别好用。"

"好吧，不过我今天能用阿姨送的水彩笔吗？"

"等你用过旧的水彩笔以后，我们再聊这个，好吗？"

"好！那我马上开始。"

"你先取些厚纸板来，免得颜料渗到桌子上。再拿一块抹布来，就是平时我用来擦灰尘的那种。我再去装碗水。好啦，准备就绪。现在把笔刷放在碗里用水洗一下，然后拿出来在你想要的颜色上蘸一蘸。笔在颜料里浸得越久，画出来的颜色也就越深。"

"妈妈，你看，真漂亮！碗里的水变得五彩斑斓的！"

"是啊，现在我们来试试其他颜色。唯一要注意的是，当你想换个颜色的时候，如果笔刷上的水太多了，记得用抹布稍微擦一下。玩得开心哦。"

"我想画一片星空，再画一座翠绿的山峰。我能办个画展吗？"

"你想画什么就画什么吧！记住，当你画完画后，必须把它放在桌子上晾干，不然的话，你看！"妈妈将画纸拿起来，纸上没干透的颜料瞬间晕开。

"你把我的云朵都弄脏了！"

"对不起，我只是想让你看看，如果你太早把画纸拿起会有什么后果。"

"好吧，我在下面再画一朵，这样就看不见那些乱七八糟的东西了。"

"我觉得这个主意不错。等你准备好用阿姨送的颜料时，就叫我来帮忙，我们可以一起换水，清洗画笔。"

"我觉得今天就先这样吧。我想先熟悉一下，这样我用新画笔就能画得更好了。"

"我也这么觉得。"

"那我想把所有的画都贴在厨房里，这样等爸爸回来了，他就能看到我的画展了。"

"太棒了，不过记得要等它们干了再贴。"

"你已经跟我说过了！"

"对不起，有时候妈妈记性不太好，我的宝贝女儿一点就通。那你慢慢玩吧！"

引人深思

在第一段对话中，母亲只给出了行动上的建议，妨碍了女儿在创作上的自主性，最后还让女儿哭了出来。故事以罗贝塔的哭泣收尾，这个典型的例子说明，某些过于严厉的教育方式，有时也会影响到孩子的自尊等级。

在第二段对话中，母亲的目的很明确——帮助罗贝塔学习用水彩笔画画。母亲为罗贝塔说明了最基本的事项，并让女儿参与到所需品的准备中，并且还说到了一个具有教育意义的重要理念——充分利用工具，避免造成浪费，尤其工具还是全新的时候。因此，母亲才会建议先用旧水彩笔开始练习。

而罗贝塔能够抑制住马上用新水彩笔的想法，是因为她明白，应该先学会如何用好这些新水彩。罗贝塔明白妈妈嘱托自己的含义，也始终在想用阿姨送的水彩画出漂亮的图画上，占据着占主导地位。

测　验

阅读下面的问题，每人选择与自身最贴切的选项，将答案写在纸上，并按照 29~30 页的步骤，完成测验。

	总是	经常	偶尔	从不
1. 大致上，我什么都做得挺好				
2. 我没多少想象力				
3. 我做事很有计划				
4. 我很懒				
5. 我喜欢制造惊喜				
6. 我觉得自己很倒霉				
7. 我很有创造力				
8. 我没什么责任感				
9. 别人会委托我做很重要的事				
10. 我会浪费时间				

分数

根据下列表格，计算自己的总分，并朗读对应的测试结果。

	总是	经常	偶尔	从不
1. 大致上，我什么都做得挺好	4	3	2	1
2. 我没多少想象力	1	2	3	4
3. 我做事很有计划	4	3	2	1
4. 我很懒	1	2	3	4
5. 我喜欢制造惊喜	4	3	2	1
6. 我觉得自己很倒霉	1	2	3	4
7. 我很有创造力	4	3	2	1
8. 我没什么责任感	1	2	3	4
9. 别人会委托我做很重要的事	4	3	2	1
10. 我会浪费时间	1	2	3	4

30~40 分：创意火山

你心里始终有想做的事，而且只要是你决定去做的，通常你都能完成。你能与他人沟通，别人也会经常向你寻求帮助，或委托你做重要的事情，因为他们知道，你是一个有能力且十分可靠的人。你很满意自己为改善生活环境而做出的贡献。本章会帮助你将自己这方面的天赋用在与家人相处中，并将你在外面的才能在家里表现出来。

20~29 分：尝试改变

或许你并不是第一个举手想要贡献新想法的那个人，但如果其他人让你负责某次计划或某个创意，通常你都不会退缩。你知道自己身上的长处，并喜欢将其运用到实际生活中。有时，你会觉得自己的负担有些沉重，而其他时候，你又觉得自己可以承担起比往常更大的责任。本章将会帮助你评估现在的情况，让你重新找到制订和实现计划的乐趣。

10~19 分：失望透顶

你认为好运时常会弃你于不顾。你在所处的环境中也试过在创意和计划上下功夫，但成效甚微。其中有你的原因，也因他人没有尽到他们的职责，然后你深信，下这么多功夫并不值得。你已经失去了思考新主意的习惯，并很久都没有因冒出新创意而感到惊喜。本章会帮助你重拾之前的热情与动力，让你重回战场。

0~9 分：无比消极

你坚信什么都不会发生改变，而且要改善周遭环境的话，你能做的其实微乎其微。你会回避一些事，因为你觉得这样做并不值得，而且只会让你更加疲倦，不堪重负。所以，不管在家还是在外，你都少有创意。因此，本章将帮你重拾惊喜的乐趣。我们会为你提供一些建议，以重新发现你被埋没的创造力，

并让其自由发挥。而觉得自己是自己人生的主角，其能带来的乐趣，将会让你无比惊讶。

游戏与互动

小小厨师

时间：30 分钟。

类型：陪伴游戏，合作游戏。

受益指标：归属感，自我效能。

参与人数：2 人及以上。

建议年龄：4 岁及以上。

游戏目标：一起做饭，挑战自我，激发创造力并增进合作。此外，经验表明，想让孩子尝试新口味，并食用健康食品（尤其是水果和蔬菜），最有效的方法就是让他们参与到烹饪当中，并给他们机会，亲自上手做菜。

补充说明：请务必仔细小心，在烹饪的过程中保持安全，尤其是在有小孩参与的情况下。建议本次游戏在午餐或晚餐前进行。

在这里，我们准备了一些食谱，供所有人一起烹饪和享用，但你们也可以尽情发挥想象力，发明和尝试其他食谱。所有家庭成员都能轻松地参与进来。

艺术果盘

所需材料：

- 时令水果（尝试选择不同颜色的水果）。冬季可以用一些干果（李子、无花果、杏子、葡萄干等）；
- 不同类型的坚果：开心果、榛子、杏仁、松子、腰果；
- 用来碾碎坚果的研钵；
- 形状各异、大小不同的盘子；
- 糖霜和网筛，也可以选择要不要红糖；
- 将一些菜籽，如芝麻或南瓜子（如果你们家中有的话），放在不粘锅中加热烘烤几分钟，直到香气散发出来；
- 肉桂粉或肉桂棒；
- 菜板和略带锯齿的菜刀。

接下来，就是准备艺术水果盘啦。你们可以只做整整一大盘，或也能让每个人在小盘子中创作自己的"艺术品"。对 6 岁以上的孩子，可以随便让他们怎么切（只有碰到难处理的水果，你们才能帮忙，如菠萝、椰子和鳄梨等），而对 6 岁以下的孩子，你们可以先把水果切得大块一些，再让他们分成小块。要好好考虑拼盘的颜色、香气，以及口味的搭配，最后的成果与你们每个人的努力都有关。将所有水果摆在盘中后，可以选择如何加，加多少菜籽、碎坚果、糖霜以装扮你们的作品。例如，撒

上糖霜后，可以让拼盘更加诱人，而不会摄入过多的热量。如果家里有客人，可以在饭后拿出你们的拼盘，保证会受到一致好评。

干杯鸡尾酒

所需材料：

- 喜欢的鸡尾酒原料；

- 鸡尾酒杯；

- 一个调酒器，或者一个密闭性好，可以充分摇晃、混合原料的容器。

共同准备鸡尾酒庆祝家里的特殊时刻：可以是为了周年纪念，或只是单纯想庆祝一下而干杯吧！筹办一次特别的小型活动，可以增加对家庭的归属感。借着这个机会，你们还可以一起发明一种独特的鸡尾酒，或者让每个人都有机会，调试自己的鸡尾酒。

尽情发挥你们的创造力，制作属于自己的软饮料吧。但在正式调酒前，先以少量的原料尝试几次，还是非常有用的，这样可以避免用了大量原料，结果做出来的东西根本不能喝。你们可以使用以下原材料：

- 果汁；

- 柑橘汁；

- 果味冰沙；

● 水果糖浆（可以用来勾兑饮品的颜色，但含糖量很高，不要用量过度）；

● 气泡水（如苏打水、能量饮料），添加后可以增加鸡尾酒的总量，并能添加气泡效果。

混合你们选择的原料，在夏季时，还可以加上冰块或碎冰。下面是能让饮用过程更加独特难忘的建议。

● 杯口装饰和调味：切下一块柠檬片，用刀尖沿着半径划开，将划开的缺口对准玻璃杯边缘插入，并沿着杯口左右滑动几厘米，以使汁液浸湿边缘。取下柠檬片，将杯口朝下，倒扣在白糖或红糖中，把多余的糖抖落，然后你们的玻璃杯，就准备好倒进鸡尾酒啦。但要注意，不要在倒酒时让酒碰到杯口，以免冲掉装饰，功亏一篑。

● 水果冰块：拿出冰块模具（有些是硅胶模，形状也多，但一般形状就足够了）。将柑橘类水果（青柠、橙子、血橙，或你们喜欢的其他种类）切成薄片，然后将每一块都分成4份。将最终切好的柑橘放在模具中，然后加水放入冰箱冷冻。

● 装饰吸管：从报纸上剪下卡通人物、动物等有趣的图案，将其粘贴在白色卡纸上，并用胶带将卡纸贴在可伸缩的吸管上，让你们的鸡尾酒更加特殊。

鸡尾酒派对

如果愿意的话，你们还可以邀请亲朋好友，办一场鸡尾酒会，每个人都喜欢派对，并且可以发扬"碰杯不喝酒"的想法。我们还推荐了一些简单的零食，可以放在桌子上，搭配鸡尾酒食用。

- 用牙签插着橄榄、小番茄和奶酪块；
- 几块老奶酪；
- 水果串（也可以直接把水果放进玻璃杯中）；
- 番茄芝士（将小番茄切成两半，用茶匙挖出番茄籽，然后倒置在厨房用纸上，吸干水分，随意用一些软奶酪或蛋黄酱将其填满，最后摆在一张大的沙拉纸上，以供客人享用）。

演讲者之角

时间：

- 第一阶段：未知；
- 第二、三阶段：15~30 分钟。

类型：交流游戏。

受益指标：责任感，自我效能。

参与人数：2 人及以上。

建议年龄：6 岁及以上。

所需物品：

- 纸和笔；

- 互联网；

- 可以参考的百科或文章；

- 纸板与文具（如选择使用解说板、图画等类似形式，展示演讲内容的话）。

游戏目标： 提高在他人面前展示某个主题的能力。

补充说明： 不同阶段可以分为几天完成。

在伦敦的海德公园，有一个著名的角落，叫作"演讲者之角"。每一天，不管是谁，不管以什么作为演讲台，甚至是站在打翻在地的水果盒上都能发表演说。在这个游戏中，每个人也能在家里准备一个主题，并与他人分享自己收集到的所有信息。

第一阶段： 全家为感兴趣、想要加深了解的主题一同列出一张表格。例如，骑自行车度假，家周围的景点，渡槽如何起作用，在哪儿开发，又如何开发矿物资源，等等。写好后为每个主题投票，并列出最喜欢的主题。每个人在得票最多的主题中选择其中一个并设置一个最后期限，尽可能在期限之内查到相关资料。

第二阶段： 约定一个日期和具体时间，将查到的资料展示出来，并尽全力做好准备。你们可以着重于最重要的信息，或是做一张解说板，向别人好好解释自己的话题，一次介绍最多

10 分钟，结束后还需回答别人的疑问。你们可以通过展示收集
的资料（照片、书籍、相关物品）、制作的图纸或表格来丰富自
己的演讲内容，以供对此也有兴趣、想要加深了解的人使用。

第三阶段：最后，互相评论，发表自己的看法。每人就其
他人演讲的内容表达自己的看法，说说自己有多满意，或许还
可以表示出，自己想再深入了解一下的意愿。但现在，先肯定
"演说家"至今为止下的功夫更合适一些。

我来办！

时间：几天。

类型：合作游戏。

受益指标：责任感，选择与决定的能力，自我效能。

参与人数：2 人及以上。

建议年龄：6 岁及以上。

所需物品：根据所选项目，决定所需材料。

游戏目标：实施一个计划，展现自己能走远，并取得最终
结果。并不是只有繁重、充满困难的事才能被称作"计划"，它
也可以是一件令人开心的事。当必须做的事与喜欢做的事挂钩，
那就像踏上了一条通往快乐的道路。

第一阶段：一名或多名成员，在全家人面前做出承诺：制
订一个计划，并完成它。计划的内容不限，以下是计划建议。

- 组织一次聚会；
- 赚钱买吉他；
- 为全家人制定一个不同寻常的假期；
- 将所有玩具或杂物间收拾好；
- 备份家庭照片；
- 为整个夏天拍摄一个回忆相册；
- 建造一间树屋；
- 考试（满分 10 分）达到 8 分的平均值；
- 组织比赛；
- 推动一次森林垃圾回收活动。

向全家人宣布你们的计划，阐明其原因，并设定一个上限日期。然后说明将有多少家人以何方式参与到自己的计划中。每次需要讨论交流时，你们还可以一起开讨论会。

第二阶段：通常，计划的实施要分为不同的步骤，下文或许就能帮到你。现在，就让我们开工吧！

- 构思：思考一下你们想做的事，或是在家里，在朋友和亲戚间，还没人做过的事。
- 评估：通过思考自己想到的问题，确定计划的可行性。例如，自己有哪些可用到的资源，还需要什么（如材料、成本、可以帮助你们的人，等等）。你们想让谁参与进来，他们又该负责什么，计划受益人的需求是什么。
- 规划：在纸上写下你们的计划，描述你们的想法并指明想要实现的目标。接着便划分不同的阶段、确定其时间（为达目的，要先解决哪些难题，何时才会遇到这些难题），找到方法和工具（在每个阶段如何推进，你们想做的事是什么），所需的材料和资源（你们需要什么，在不同的阶段需要谁的帮助）。

● 实施：采取行动，确认一切是否按计划进行。在此阶段，可能需要做出意料之外的调整。

● 检查：计划完成后，总结自己的工作，想想整个计划做下来怎么样，是否像你们想象的那样成功，是否觉得自己完成了定下的目标，哪些真的做到了，又有哪些没有顾及。

示例：睡衣派对

下面是特定实例的计划范例，可以用作你们的计划模板。

目标：与朋友举办一次睡衣派对。

步骤、时间、资源和必要工具如下。

● 第一步：与父母讨论自己的想法，并获得他们的同意。

待办：与父母交流。

时间：至少在开始前三周。

● 第二步：拟定受邀名单。

代办：想想邀请哪些朋友，并与他们说说自己的想法。

时间：至少在开始前两周。

● **第三步**：拟定当晚派对内容（例如，吃自助餐、做游戏、午夜饮品，以及着装要求等）。

待办：与父母或几个朋友一起，制订大致计划。针对每个想法，你们可以指出需要什么，由谁来做：例如，草拟一张菜单，并决定由谁来准备菜品；晚上留宿时，想想你们需要什么，以及朋友该带什么过来，等等。

时间：至少在开始前两周。

● **第四步**：询问父母和朋友什么时候有空，确定派对日期。

待办：打电话通知朋友，并确认他们能来。

时间：开始前两周。

● **第五步**：正式准备。

待办：为聚会腾出空间（例如，清理、装饰、设置好就寝区，以及准备食物等）。

时间：开始前一周。

我的个人简历

时间：45~60分钟。

类型：交流游戏。

受益指标：自我效能，安全感。

参与人数：2人及以上。

建议年龄：6 岁及以上。

所需物品：

- 每人 4 张 A4 纸；
- 每人一份透明的活页文件保护袋；
- 钢笔或彩色墨水笔。

游戏目标：更加了解自己的长处。

补充说明：本次游戏并不简单，建议孩子已达学龄再进行游戏。此外，最好在全家人都有空时玩。

该游戏要求每位家庭成员撰写自己的个人简历，并主要侧重于三个方面："我知道什么""我会做什么"和"我是怎样的人"。

第一步：每人在家中找一处安静的地方，然后拿出 4 张 A4 纸，并按照以下操作完成自己的简历。

- 第一页：这将作为简历的封面，因此，要用最能代表你们的颜色，写下你们的名字，注明各自的出生日期和地点，并画一张自画像（或粘贴一张你们的照片）。

- 第二页：在其顶部写上"我所了解"，然后垂直画一条线，将剩余页面分为两块等大的区域。在一边写上"自我评价"，另一边则写上"家人评价"。

- 第三页：在页面上方写下"我所能做"作为标题，然后重复上述步骤。

- 第四页：重复上述操作，页面标题为"我的为人"。

现在，用以下方式填写每页的"自我评价"部分。

- 第二页——"我所了解"：比如，可以写下你们最喜欢的科目或主题（如尤利西斯或埃及人的故事，新金融法等），最了解的爱好（如足球、电影、收藏矿石等）。撰写这一页，并不要求你是世界著名的专家，必须全都懂，只要你了解一部分，觉得自己最熟悉它就行了。

- 第三页——"我所能做"：你们觉得自己最擅长什么？这里一般都与某些动作有关。比如，"会拼乐高积木""会算数学""远距离射门""将洗衣机里的衣物弄整齐""安排他人工作"。对某些人来说，这个列表可能会很长，而另外一些人可能就不知道该写什么。你们可以想一下自己平常做的事情，认为自己擅长什么，然后集中在自己最喜欢、最擅长的事情上。

- 第四页——"我的为人"：你们有哪些性格？你们最喜欢或不怎么喜欢自己性格上的哪一点？比如，你们觉得自己是慷慨、勇敢、诚实的人吗？

写好后，将所有文件放入透明文件保护袋中，将第一页放在最上面作为封面，并将简历摆在显眼的位置。

第二步：阅读家人的个人简历，并在"家人评价"栏，根据你们的了解，写下他所了解、他所能做和他的为人，完善补充家人的简历。谁能让自己的亲人更好地了解自己呢？通过这

样的方式，你们可以帮助他们变得更加自信，让他们感觉自己有能力面对每天的新事物和挑战。

成功的故事

时间：每人 15 分钟。

类型：交流游戏。

受益指标：自我效能。

参与人数：2 人及以上。

建议年龄：4 岁及以上。

游戏目标：与他人分享自己的成功，并从中得到快乐。

补充说明：有益于入睡，但建议不要一晚讲 2 个以上的故事。

在一个房间中集合，然后在中央放一把椅子。选一个人坐下，其他人则坐在他的周围，让他讲述一次成功的经历。想讲好发生的事情，请带着新闻记者报道事件时提出的那五个问题，以便让听众理解所有的必要信息。

- 人物；
- 事件；
- 时间；
- 地点；
- 经过及感受。

　　讲完后，询问听众的想法和感受。尝试找到让你们成功的因素，自身的哪些能力起了很大的作用，谁帮助过你们，哪些是你们成功的关键。最后，沐浴在听众们的掌声中吧！

　　然后更换讲述人，接下来的几天重复游戏，让每个人都能分享自身的经历。

失败的故事

　　时间：每人 15 分钟。

　　类型：交流游戏。

　　受益指标：接受自己的错误与失败。

　　参与人数：2 人及以上。

　　建议年龄：4 岁及以上。

　　游戏目标：与他人分享自己的失败，反思自己的失败。

　　补充说明：最后的按摩非常适合陪伴你入睡。但建议你们不要一晚讲 2 个以上的故事。

　　在一个房间中集合，然后在中央铺一张毯子或垫子。每个人轮流坐在上面，讲述一次自己失败的经历，其他人坐在讲述人旁边。想讲好发生的事情，请带着新闻记者报道事件时提出的那五个问题，以便让听众理解所有的必要信息。

- 人物；
- 事件；

- 时间；
- 地点；
- 经过及感受。

讲完后，询问听众的想法和感受，还可以互相讨论，如果不那样做，结果会不会不一样，或者谈谈自己从失败中学到了什么。

当与亲人的讨论结束后，请趴下放松全身，其他人用手指戳一戳你的背部，以表示他们就在你的身后，一直都在你的左右。

然后更换讲述人，接下来的几天重复游戏，让每个人都能分享自身的经历。

电影推荐

《流浪的尤莱克》(*Corri ragazzo corri*)

导演：佩波·丹科瓦特

上映时间：2013 年

制片国家 / 地区：德国，法国，波兰

片长：112 分钟

类型：剧情

我们的评价：不容错过。

适龄范围：10 岁及以上。

电影关键词：勇气，迫害，信任。

电影相关：电影改编自畅销作家尤里·奥莱夫的同名小说《流浪的尤莱克》，讲述了约拉姆·弗里德曼的真实故事。

剧情简介：一个犹太小男孩在父亲的帮助下从华沙的纳粹集中营逃了出来，为了躲避纳粹军队，他化名为尤莱克，假扮成波兰人，踏上了一段令人难以置信的旅途。他穿过小路、村庄和森林，一直在寻找活下去的方法。为了吃上饭，他帮别人干活。他遇到的人形形色色，有些会全心全意地帮助他，而另一些则会随时准备背叛他。有一次，他甚至被人交给了纳粹，但又奇迹般地逃了出来。男孩的真名叫苏里克，他答应父亲要活下来，没有什么能阻碍他信守诺言。

观看理由：《流浪的尤莱克》是一部沉重的电影，它用简单、为年轻观众着想的叙事风格，讲述了受人欺压的童年，同时也表现出，面对纳粹政权的残忍行径，唯一的武器就是人类的自由意识与智慧。小主人公在这个过程中学会了生活的法则，他发现这个世界上既有好人，也有坏人，为了活下去，他不得不向别人寻求帮助，但并不是所有人都值得信任。苏里克依旧向前奔跑，他相信只要隐藏好或几乎忘掉自己的真实身份、他的出生、他的名字、他的信仰，他便能得救。这部影片告诉所有人一个道理：善恶往往会紧密交织在一起，想要成为伟大的人，就要学会将两者区分，并且永远不要停止对善的追求。苏里克

就这样做了，他赋予自己强大的力量，什么都无法阻止他。因此，这部电影是一首献给勇气和希望的赞歌，一个以人的潜力为中心的故事，这种潜力在孩子心中，早就已经萌芽了。

看完之后：全家人一同想想，哪些是对你们家很好的人，哪些又是可以一直相信的人。如果愿意的话，可以把他们的名字写在一张纸上，画一张"朋友地图"，可以持续更新，好好保存。

《同一月光下》（ *La misma luna* ）

导演：派翠西亚·里根

上映时间：2013 年

制片国家 / 地区：墨西哥，美国

片长：107 分钟

类型：剧情

我们的评价：老少咸宜。

适龄范围：10 岁及以上。

电影关键词：非法移民，帮助，母子关系。

剧情简介：卡里托斯和奶奶一起住在墨西哥，而他的母亲则非法移民到了美国，为一户有钱人家工作。母子二人在遇到困难时都会望向月亮，他们看向同一个月亮，以此得到慰藉，这是他们约定好，也是能支持彼此的唯一方式。但奶奶去世后，卡里托斯独自一人，这种慰藉就显得远远不够了。因此，在一位古怪同伴的陪同下，卡里托斯决定踏上冒险旅程，去美国寻

找妈妈。

观看理由：导演采用了非常简单且便于理解，就算是小孩子也能看懂的叙事风格，讲述了一个时下热门，同时也非常沉重的话题——非法移民。这部电影好就好在，有时它很幽默，有时又会近距离展示出非法逃离一个国家意味着什么，面对边境的围墙与围栏又意味着什么。卡里托斯是一个被逼无奈、只能面对不公现实的孩子，电影也是以他的视角拍摄而成。卡里托斯的个人经历会呈现在小观众面前，能或多或少地使他们主动去思考："我对移民的看法是什么？""为什么人们要竖起围墙，拦住那些无家可归的人？""小孩面临这样大的问题能做点什么？"小卡里托斯并没有想这么多，他从未停止寻找母亲的脚步。他很清楚做什么才是正确的，他用尽全力只为实现自己的目标。这部电影算是主人公意识的极端例子，诠释了儿童世界到底有多丰富，而这常常会被大人低估或忽略掉。

看完之后：假设你们必须离家去外地处理一件非常困难的事，你们会选择哪一种能让自己感到亲人的支持，觉得他们就在身边的方式？

《灵犬雪莉》（ *Belle & Sebastien* ）

导演：尼古拉斯·凡尼尔

上映时间：2013 年

制片国家 / 地区：法国

片长：98 分钟

类型：冒险

我们的评价：不容错过。

适龄范围：5 岁及以上。

电影关键词：勇气，保护，团结。

电影相关：相同的故事早已拍成了电视连续剧和一部日本动漫，这部电影也改编于此。

剧情简介：第二次世界大战期间，小塞巴斯蒂安住在比利牛斯山脉的一个村子里。虽然村子里的人都很担心会被卷入战争的冲突中，但比起这个，他们更担心一只偷羊的神秘野兽。塞巴斯蒂安紧随大人去追寻野兽，但很快大家就发现，其实大家所害怕的恶狗，不过是一条逃离暴力主人的牧羊犬。它的名字叫雪莉，雪莉和塞巴斯蒂安之间产生了一条紧密的纽带。这让他们在面对越发困难的挑战时，能够团结在一起，这些挑战也深深影响了塞巴斯蒂安的生活。另外，为了保护雪莉，塞巴斯蒂安还要让它远离人类，因为镇子里的人，包括塞巴斯蒂安的爷爷，都想除掉雪莉。

观看理由：这部电影讲述了一次不可思议的冒险，故事的中心其实就是小男孩与狗狗之间的友谊。多亏这段友谊，塞巴斯蒂安才发现，原来自己能做成这么多大事。小男孩追随自己的内心，违背了大人的意愿，并想阻止他们犯下善恶不分的错误。虽然会有点难以接受，但这部电影讲了这样一个道理：大人并不总是能做出正确的决定，有时要鼓励并学习孩子那敢于质疑、无条件相信别人的品质。塞巴斯蒂安并没有与大人闹翻，但也并不想看着他们犯错。塞巴斯蒂安竭尽全力，就算因此陷入危险，也要寻求真相，做正确的事。他坚定的态度让别人开始改正自己的错误，最终大家都觉得，塞巴斯蒂安是村子里不可或缺的一员。也就是说，就算还是孩子，他们对家庭、集体，以及一个阶层，都有着重要的作用。因此，帮助孩子培养健康的主人公意识，并且让他们发挥作用，显得尤为重要。

看完之后：讲述一件让你们觉得自豪的事情，无论大小。要是想不起来，可以想象一件未来想做的事，但必须是可以实现的事。

第六章 | 家庭如镜
身体的自尊

必须迎合他人，真是累！

作为一名成年女性，我想说我青春期前，也就是 10~13 岁那段时间，简直就是一场噩梦，幸好最后我摆脱了。刚上初中那会儿，学校对我来说就像是一个泥潭，它将我整个吞噬，后来我才得以脱离。让我这样想的原因不在老师，也不在学习的内容太多，这类变化我倒很快就能适应。我遇到的最大难题，其实是没办法在其他女同学面前抬起头来。我之前从未想过这件事有这么难，但事实就是如此……

初一刚开学时，一切看起来都和往常一样，就和小学时差不多。女孩儿间都有自己的小团体，和自己的女同学待在一起，以此获得安全感。我的女同学叫佐珍，幼儿园和小学我们都是同学，最后我们两人的妈妈也变成了朋友。小学四年级时，我们两家甚至还一起去了海边度假。初中刚开学时，我和佐珍做了同桌。但两星期后，她就想换座位，因为她和斯特娜做了朋友。斯特娜人如其名①，确实也是班里的大明星，很多男生都喜欢她。斯特娜是女生团体的老大，让谁进来踢谁出去都由她决定。而佐珍就想待在斯特娜的团体中，于是便开始围着她打转，我也就变得孤单起来。如果想和斯特娜做朋友，那她还能决定我们该如何打扮——要留长发，裤子要时尚，鞋子要时髦，还要化淡妆，但只能化很淡很淡的妆，因为老师不准我们化妆，所以不能被看出来。而且斯特娜的身材还很苗条，身体线条也开始慢慢呈现。

我的长相与身材也不算糟，但我肯定无法与她那种完美身材媲美。况且，像我这样留着波波头，穿的衣服也是妈妈挑的，根本无法达到斯特娜的标准。最初那几个月，很多女生都会尽可能地接近斯特娜的标准，有的人开始节食，有的人改变穿衣风格，换了化妆品。所有人都想变得和斯特娜一样，尤其希望能受到她的关注。

于是，没了佐珍当我朋友，再加上我过时的穿衣风格，没过多久，我就变成了班上的丑小鸭。没人欺负我，但也没人找我玩。课间休息时，我会逃到初二表姐克拉拉的班上，我们一直很要好。但她不知道的是，我找她是因为我无处可去，也没有可聊天的对象。

直到有一天，我把一切都搞砸了。那天是周六，当天下午会举办班级聚会。我拿着生日时奶奶给我的钱，走进一家平价时装店，买了一件和斯特娜风格很像的短袖和一条迷你短裙

---

① 在意大利语中，人名"斯特娜"与单词"明星"同型。——译者注

（我以前都没穿过短裙，因为妈妈说这样穿会显得不伦不类）。买完后我回到家，爸爸妈妈都出门了，于是我来到卫生间，在妈妈的化妆包里找到了口红、粉底和眼影，化好妆，穿上新买的衣服，没有告诉他们，就去参加班级聚会了。

一到那儿，我就很热情地向大家打着招呼："大家好呀，最近怎么样？"我想表现得自然一点，但其实一点都不自然。我这样做，其实是想让别人像看斯特娜一样看我，但事后表明，结果却恰恰相反。我本以为自己的出场很成功，并能再次融入班级圈子里，但很快我就意识到，刚才的做法其实是让自己永远被孤立了。

而首先评价我穿着的也正是斯特娜，她上下打量着我，然后大声说："原来今年是秋天办狂欢节①啊，我都不知道呢。"斯特娜的话引发了别人对我的一系列评价，说得一个比一个难听。我感受到同学对我的恶意，羞愧得无地自容，然后离开了聚会，幸好赶在爸妈看到我那副样子之前回到了家。

第二天早上，我假装头痛得很厉害，在房间里待了一天。周一，我低着头进入教室，没有直视任何人。我感觉到所有人的目光都落在了我身上，还听到了一些丝毫不想遮掩的议论声。我料到了会是这样，但我告诉自己："坚持住！不管他们说什么，都要坚持住。"

最终，同学保罗解救了我。他人很好，爱打抱不平。他来到我身边坐下，说："我在周六的聚会上看到你了，他们对你说

---

① 狂欢节时，意大利人会穿着奇装异服，打扮略显古怪。——译者注

的那些坏话我都知道。斯特娜本就不是好人，你不要把她说的话放在心上，跟在她后面的那些人，都和她一样坏。"

这些话给了我极大的安慰。从那天起，保罗一直对我很好，还帮助我和班里的其他男生做朋友，但女生也一直拒绝和我往来。我再也没和任何人说起过这件事，即使现在回想起来，可能当时的打扮也没有那么糟糕。过了一个星期，这件事情就被淡忘了。我觉得自己很幸运，因为这件事情原本会变得更糟。两年后选择高中时，斯特娜那群人和我选择了不同的学校，于是我松了一口气，我再也不想见到她们了。

需要强大的能力和自信，才能在自身有一些或大或小的缺陷下，做到自尊自爱。有些时候，跟我们越亲近的人，看待我们的眼光就越苛刻。我们的孩子就是其中之一，确切地说，处于成长期的孩子对我们就尤为严苛，让我们觉得自己什么都不对劲。这种情况在母女间十分突出，比如"妈妈，你怎么穿成这个样子？""我穿那件短袖好看多了！""你知道劳拉的妈妈是怎么做保养的吗？""你脸上全是皱纹！"女孩子小时候都会穿妈妈挑选的衣服，但即将步入青春期时，她们就想找到属于自己的风格，在这个阶段，她们往往会贬低或批评母亲的外貌。

这是生理上的必经阶段，如果你们足够自信，那这个阶段很快就会结束。而当孩子的行为超过可容忍的范围，或他们变得咄咄逼人、没有礼貌时，大人应该重新建立家规，规范表达各自想法时的方式。如果你们觉得女儿偶然地冒犯，那就要对

她睁一只眼闭一只眼，并且帮助她意识到，什么时候她会对所说的话失去控制，以及为什么会发生这种情况。例如，你们可以回答说："我希望你能偶尔夸奖一下我的穿着，或者能够给我一些建议。"简而言之，穿着打扮可以成为母女俩交流的机会，而趁这个机会，两人又能重新建立起良好的母女关系，孩子在成长期学会的东西，今后也对家庭关系有所帮助。

什么是身体自尊

很多人认为，只有外貌俊俏的人才会拥有较高的身体自尊等级，毕竟人人都嫉妒他们的身材。他们的外貌来自上天的恩赐，一看到他们，羡慕就会油然而生。然而，事实并非如此。在这世上，长相俊美却不自爱的大有人在，从报纸杂志上关于模特、演员的新闻就能看出这一点，他们的美貌已经让人遥不可及，但为了让自己更加漂亮，他们会选择做整容手术。在意大利曾有一条新闻轰动一时，一位荣获"意大利小姐"的女性，在获奖两年后，因对自己的胸部不满而去丰胸。这好似王国里最美的白雪公主，一天早上在七个小矮人的山洞里醒来后，觉得自己比不上继母的容貌，便不停抱怨自己长得不漂亮一样。

所以说，"长得好看"并不等于"认为自己好看"。想要做到自尊自爱，就得先在心中确定一个能让自己满意，并符合实际的个人理想形象，然后再从肯定理想形象的角度，看待每天自己遇到的事情。换句话说，即使我鼻子大，有点小肚腩，我也能站在镜子前，对自己温柔地说道："没错，想要变漂亮的方法有很多，我也可以变得比现在好看一百倍，但大家都说我笑得很甜，都觉得我人很好，况且我还交到了很多朋友。"如果能这样评价自己，就说明你们对身体的自尊等级就很高。相反，如果我的身高有一米七，身材也凹凸有致，却整天盯着脸上的一颗小痣，觉得它毁了我整个面部的美感。在这种情况下，问题就在于我只看到了自己身体上的缺点，并且只根据自己看到的不足和缺陷，塑造了糟糕的自我形象，忽略了自身的优点。

你们也应该已经猜到了，所谓的身体自尊，就是要接受自己本来的模样，不要在照镜子时妄想一个远离现实、过度理想化的自我形象。

为何我们总不满足？

不得不说，如今受社会追捧的审美风气，以及展现在大众面前的光鲜样板，使我们所有人都深陷其中，但对我们一点帮助都没有。假如出现在大众媒体上，其百分之九十五的女性，都有着理想型的美貌，并且还拥有大多数人无法企及的身材，那对一位普通女人来说，就很难满足于自己的体貌。近几十年来，全世界的小女孩都在玩芭比娃娃，而没有一位妈妈能有像玩偶一样的身材。另外，美图修容的兴起也让情况变得越来越

糟。总之，如今我们身边充斥着各种符合普世审美的照片，这些照片都被加工过，其展示出的模特身材，不仅对多数普通人来说遥不可及，就连其模特本身也难以达到。

当今社会中，大家都追求外表，成年人不满自己的身形，在这样的情况下养育孩子并不容易。也就是说，孩子从小就会暴露在这充满隐患的环境中，这种隐患会在心里深处，破坏让孩子获得良好的身体自尊等级的基础。此外，在孩子身体发育时期，尽管会因此拥有俊俏的体态，但所有孩子都会对自己身体上的变化，产生极大的不安。这时的孩子会对自己身体的变化，以及自己在别人中的样子感到极度的不满，这种情况十分普遍，对他们来说几乎都变成了必然经历的生理现象。

教会孩子喜欢自己

作为家长，我们有义务帮助孩子用宽容的眼光看待镜子里的自己并接纳自己。最重要的是，我们要用言行来证明，身体只是我们的躯壳，要指出，决定我们身份以及自身价值的，可远远不止外表。总的来说，如果说人的眼睛会被第一眼看到的事物吸引，那只有真正想了解我们的人，才能看到我们内在的独特性，而这种独特性就来源于我们身体、心灵、外表与内在这四者独一无二的结合之中。用哲学家的话说，就是形式和本质。

从小培养孩子的身体自尊，帮助他们认识到，自己的身体不可能是完美的，但也并非一无是处；让他们知道，自己的身体结合了各种特点，因此才会在别人眼中如此独一无二。这就是我们为人父母，必须要履行的教育责任。如今已不同以往，只有当我们关注到孩子的内心深处，而不是一味注重他们的外表，使其符合社会上那带有偏见的审美标准时，我们才能将"选择做自己"的自由，当作礼物送给自己的孩子。

欣赏自己才能欣赏别人

对成年人来说，思考如何对待自己的身体，关心自身的健康，而不仅仅是关注自己的外表，也是一件非常重要的事。我们当中有多少人被"以瘦为美"的观念束缚，每天在餐桌上与营养健康的餐食作斗争，为的就是减掉那几公斤？又有多少人，做运动只是为了查看体重秤上减少的数字，而不是将其当作感受生活的方式？为什么我们要在镜子前，不断地寻找着皱纹和岁月留下的痕迹呢？为什么我们要将这些痕迹，当作透露自己年岁不小的叛徒，而不是我们美好生活的证据呢？电视里那些40岁或70岁的女演员，顶着同一张整容脸，还因为肉毒素和除皱手术，无法控制自己的面部肌肉，因此表情也看起来是一样的僵硬，在电视里看到她们真的好吗？

因此，可能你们也已经明白了，增强孩子对自己身体的自尊等级，对我们这些帮助孩子成长的大人来说，也极具重要性。

父母对孩子身体的看法，就是他们对自身看法的基础，与之相同的是，我们对自身的看法，也建立在孩子对我们的看法上。孩子们会我们的看法中寻求认同、力量以及宽容，然而恰恰相反，往往他们从我们这儿得到的却是否定与拒绝。

在本章中，我们想为各位提供一些增强全家体态自尊等级的突破口。本章中的亲子游戏，会驱使你们讨论对自身体态、或多或少被自己忽视的品质的看法，但这些被忽视的品质，却会被关爱你们的人所注意。本章不仅是对孩子来说大有帮助，对父母也是益处良多，因为成年之后，也并不代表就会满足于自己的外表。尽管有些爸爸妈妈会去健身房健身，或是花时间化妆，但仍有可能不满于自己的外表。那么请鼓足勇气，提起精神，投身到我们准备的亲子游戏中，让大人和孩子互相帮助，改善每个人对自己身体的认识。

交流的艺术

为了将理论与实践相结合，我们在下面列出了两种类型的对话，以 10 岁小女孩的外表作为话题，表示父母的言语，能在多大程度上损害或有益于孩子对自己身体上的自尊。

如果你们的孩子能理解故事的意思，也可以让他们一起读这两个故事，并试着想一想，对于这个话题，在你们之间有哪些对话。

反面教材

"吉娅达，这饭你吃还是不吃？我已经和你说了两遍了，我不想再费口舌了！"

"我不饿，妈妈！"

"你不是在开玩笑吧？你说你不饿？简直不敢相信，你怎么了？你终于知道自己不能吃这么多了？问你话呢，你拉着脸给谁看呢？"

吉娅达在餐桌旁坐下，其他人早就开始吃了。

"我想节食，你看嘛。"吉娅达捏着自己肚子上的肉，继续说，"我现在又胖又丑。"

"吉娅达，你不丑，但我是不是很久之前就提醒过你，让你注意饮食了？你知道我为了不长赘肉得多注意饮食吗？"

弟弟卢卡带着调子打趣道："肥婆吉娅达，肥婆吉娅达！"吉娅达直接打了弟弟一拳，让他哭了出来。

"吉娅达！"妈妈厉声道，"快向你弟弟道歉！"

"但是他先捉弄我的！"

"但你动手了，所以是你的错。"

"啊，不要！我再也不想去游泳了。莱蒂齐亚总是取笑我，那天她说我根本不需要学游泳，因为我肚子上的赘肉是天生的游泳圈。大家都笑了，我真想掐她。"

"那你想怎么样嘛，这又不是世界末日。其实，莱蒂齐亚说得也有点道理，你肚子上的'游泳圈'真的应该减掉。你要学

会克制自己的食欲，控制自己的饮食。有时我都觉得自己在和狮子一起吃饭。而且你从来都不想运动，一点都不像我的女儿，我像你这么大时，可是会经常锻炼。"

"妈妈，那如果我饿了怎么办？"

"'要想好看，就得吃苦。'好好记住这句话，没办法，这就是现实。其实你还是蛮可爱的，但你一点都不在意穿着。我跟你说过多少次了，让你跟我去买条小裙子、买件新衣服，换个造型。"

"但我不喜欢穿裙子。我觉得运动装更舒服。"

"那如果他们取笑你，就不要对着我抱怨。"

"我抱怨，是因为莱蒂齐亚说我坏话。"

"噢，真是大惊小怪。你知道的，有些人就是心直口快。但换个角度看，莱蒂齐亚还做了件好事，至少她让你意识到，要多注意自己的外表。现在你都快 11 岁了，不再是小孩子了。你的身体正在发生变化，你必须注意自己的形象。莱蒂齐亚就很可爱，你应该把她当作榜样。"

"我只想一拳狠狠地打在她的鼻子上。"

"好吧，跟你说也没用。不管怎样，你得继续去游泳。"

"哎呀！我不知道我能不能控制住自己的食欲。但是，你能先给我一块比萨吗？不是那块，我要有很多马苏里拉奶酪的那块！"

"吉娅达，我看这些话都是白说了。"

"我不知道，妈妈。我只知道我现在真的很饿。"

正面教材

吉娅达走进厨房，她穿着齐腰短袖，小腹处微微鼓起，用手指捏着肚子上的一圈赘肉，激动地对妈妈说："肚子上的肉让我看起来像牛一样，要是能把它减掉，我就是世界上最幸福的女孩了。"

"吉娅达，在你这个年纪，我也有一点小肚子，但我眼中的快乐足以感染大家，所以我从来不认为这是一个很大的问题。"

"妈妈，可能你小时候审美标准和现在不同，现在大家的肚子都是平坦的。上次我换衣服准备进泳池的时候，莱蒂齐亚跟大家说，我的腰上长了一个游泳圈。"

"莱蒂齐亚就是个外表光鲜，但毫无教养的女孩。都没有人教过她，每个人都是独一无二的吗？我再多嘴一句，莱蒂齐亚就没有任何缺点吗？她全身上下都是最完美的吗？"

"嗯，说实话，泰奥说在她跑步时，可以看到她的腿型有些奇怪。虽然莱蒂齐亚确实是班上最高的女生，但是她的脚踩在地上就像两条大船，她的鞋子都要专门定做。"

"你看，莱蒂齐亚也有她的缺点。事实上，没有人天生是完美的。但随着年龄的增长，我们只会看到自己的缺点，而没有注意那些使我们独一无二的特点。比如，你觉得自己的美在哪里？别人喜欢你哪些地方？"

"哦，妈妈，我觉得自己没什么谈得上美的地方。"

"但去年在海边，那个叫彼得的男孩说你特别可爱。我们

从海边回来后的三个月里，每次他跟着他爸爸出差，都会给你寄明信片。"

"是的，妈妈，但彼得的看法算不上什么。他的牙齿上戴着可怕的牙套，而且耳朵也有点外翻。"

"你看，吉娅达，现在你也把同学在更衣室里对你的嘲笑放到其他人身上了。在我看来，彼得的眼睛很漂亮，非常灵动，而且他也很健谈！他口齿清楚，每次听他说话我都觉得很舒服。你还记得那天早上，他将自己写的诗送给了你吗？那可是他一气呵成写成的诗。他母亲也因自己的孩子会写诗而感到非常自豪。我想说的是，在彼得看来，你就很好看呀。

"你说得对，妈妈，我也觉得他对我有好感。现在听你说了这些，我都后悔只记得他的牙套和招风耳了。为什么我们这些孩子不会仔细观察别人呢？我们只会互相取笑，关注对方的缺点。有时学校就像一场噩梦，所有人都想看起来比现在的自己更好看。有时候，我真的和同学们的关系很不好。妈妈，请你抱抱我吧。"

吉娅达开始哭泣时，妈妈温柔地抚摩着她的头发，然后对女儿说："成长并不容易，但你不开心时，千万别怕跟我说。我一直都会在你身边帮助你的。"

引人深思

假如你们是吉娅达，现在想想，如果你们的母亲，像第一段对话中的母亲那样，你们会有何感受？这位母亲没有和女儿产生情感上的共鸣，她不断向吉娅达灌输该怎样变成一个理想小女孩，迫使她变成一个与自己不一样的人。

吉娅达不仅认为自己长相丑陋，而且通过母亲的话语，也会觉得原来母亲也是这么想的。第一段对话中的母亲，用侮辱性的词汇形容女儿的体型，并告诉吉娅达错在她自己。当吉娅达看着镜子里的自己时，不免会想起母亲说过的话——你就该全身都重塑一遍。

母亲说的话中，缺乏对女孩自身价值的重视，更别说吉娅达今后可能发生的变化了。没有人帮吉娅达看到自己的优点，没有人告诉她，即使胖了几公斤，也依然很漂亮。

而在第二个故事中，母亲与女儿之间的对话，帮助女儿拓宽了应该关注的领域，帮她看清了自己的想法与情感，让女儿变得更加自信。

母亲教给了女儿很多东西，不仅使她学会了正确看待自己的身体，也学会了该如何看待别人的身体。这样一来，母亲帮助吉娅达充分认识到自己，接受了自己与生俱来的模样。

测　验

阅读下面的问题，每人选择与自身最贴切、最感同身受的选项，并将答案写在纸上，按照 29~30 页的步骤，完成测验。

	总是	经常	偶尔	从不
1. 我喜欢镜子中的自己				
2. 我不喜欢自己的穿衣搭配				
3. 我对自己的体质很满意				
4. 我想改善自己的身材				
5. 我的外貌讨人喜欢				
6. 有时我会觉得自己像一头怪物				
7. 我觉得自己的身材很好				
8. 我不擅长任何体育项目				
9. 我有一张漂亮的脸蛋				
10. 我对自己的体重不满意				

分数

根据下列表格，计算自己的总分，并朗读对应的测试结果。

	总是	经常	偶尔	从不
1. 我喜欢镜子中的自己	4	3	2	1
2. 我不喜欢自己的穿衣搭配	1	2	3	4
3. 我对自己的体质很满意	4	3	2	1
4. 我想改善自己的身材	1	2	3	4
5. 我的外貌讨人喜欢	4	3	2	1
6. 有时我会觉得自己像一头怪物	1	2	3	4

续表

	总是	经常	偶尔	从不
7. 我觉得自己的身材很好	4	3	2	1
8. 我不擅长任何体育项目	1	2	3	4
9. 我有一张漂亮的脸蛋	4	3	2	1
10. 我对自己的体重不满意	1	2	3	4

30~40 分：喜欢自己

你喜欢自己，但并不是因为你虚荣，也不是觉得自己很完美，而是因为你喜欢自己在别人眼中的样子。你精力充沛，注重自己的身材，你喜欢运动，对自己的体质也很满意。你很讨别人喜欢，一般第一次见到你时，你都会给别人留下好印象。本章将帮助你巩固已有的信心，并通过亲人充满爱的目光，发现自己新的优良品质。

20~29 分：大体满意

你很满意现在的自己。可能你会想做一些改变，但最后还是能找到一种方法，让你接受自己。你的体质好，很少生病，但你可能也想增强、锻炼自己的体格，因此，有时你也确实会试着这样去做。本章将帮助你锁定自己的目标，找到提升自己的新动力。

10~19 分：本该更好

如果你能选择自己的身体，那你肯定不会是现在这个样子。你想改善的地方不少，你常常担心别人不够喜欢你。身材不是你最关心的事，你会努力让别人欣赏你其他的品质，因此你不屑于保持自己的身材，也不会保养自己。本章会帮助你评估现状，也许会让你更关心自己。

0~9 分：讨厌自己

你讨厌照镜子，经常对着镜子中的自己抱怨，每天都在想自己是多么倒霉，竟然会被困在一个丑陋的躯壳里。让别人看到你，你会觉得很羞愧，尤其是穿着泳衣时，因此，你通常会把自己裹得严严实实的。你对自己的体质也不满意。本章会让你从不同的角度看问题，让你重新认识自己的身体，与其友好相处。

游戏与互动

赞美"国王"

时间：30 分钟。

类型：交流游戏。

受益指标：安全感。

参与人数：2 人及以上。

建议年龄：6 岁及以上（6 岁以下的孩子可以自己画画，将图画塞进其他参与者的信封里）。

所需物品：

- 为每位参与者提供一个空信封；
- 每人一支画笔和几支彩色笔；
- 白色小卡片若干（便笺纸，或将笔记本纸张一分为四）；
- 皇冠或凤冠（按下文方框中的说明制作）。

游戏目标：从别人的角度观察自己，从而意识到自己身体上的特点。

补充说明：当亲戚或非常要好的朋友在家时，也可以玩这个游戏。也可以间隔一段时间，多做几次这个游戏。

每位家庭成员在信封上写下"国王"或"王后"，再加上自己的名字。每个人轮流戴上王冠扮演国王或王后，剩余的人扮演臣民，并必须在小卡片上写下国王或王后身上的一个优点，只能赞美他们的体态，不能写性格、能力或是穿的衣服好看。另外，建议你们将卡片写得详细些，毕竟有句话说得好："敬人者，人恒敬之。"很快你也会收到别人写的卡片。正确的范例为："我喜欢你天蓝色的双眸，你感到快乐时，它们也会跟着放大，闪耀着奇特的光芒。"错误的例子为："我很喜欢你的蜘蛛

侠 T 恤。"

大家写完后，依次向本轮的"国王"或"王后"鞠躬，并将纸条塞进他的信封中，直到游戏结束才能打开。

当每个人都扮演过"国王"或"王后"之后，可以打开自己的信封，阅读里面的纸片。与他人分享你收到的赞美。

在此建议你们保留自己的信封并定期重复游戏，通过这种方式，你们能够见证自己多年来的变化。对于孩子来说，这也是一种鼓励，让他们能面对成长过程中身体的变化；而对于父母来说，这将是一种支持，让他们面对岁月流逝带来的变化。

王冠的制作方法

取一张硬纸板（最好是黄色的），剪出长约 70 厘米、宽约 10 厘米的长条。用剪刀在长的一边剪出一些凸起，当作皇冠的上部。在家中找出一些装饰品（如丝带、彩色瓶盖、铝纸球、纽扣、圣诞树上的丝带碎片等）。然后在花环上，粘上你们喜欢的装饰。但要记得在两端留出约 3 厘米的空隙，以便将王冠的两端拼在一起，戴在"国王"或"王后"的头上（也可以用透明胶布固定）。

肖像画

时间：每幅画像 15 分钟。

类型：交流游戏。

受益指标：安全感。

参与人数：2 人及以上。

建议年龄：4 岁及以上。

所需物品：

- 每人一张白纸；
- 铅笔；
- 橡皮擦；
- 蜡笔或其他上色笔。

游戏目标：仔细观察其他家庭成员，并从他们的角度了解自己。

补充说明：本次游戏分多个时段完成，一次只能画家庭的一名成员，直到每个人得到自己的画像为止。

选择一名家庭成员，把他当作模特为他画像。每个人站在模特周围，尝试为他画一幅肖像画。画得好不好，画得像不像，这些并不重要。重要的是，呈现出自己眼中模特的形象。你们可以选择上色或不上色。可以着重描绘他脸上你们最喜欢的那些特点，尽量传达出，看到他的表情时你们内心的感受。得到一幅满意的作品后，还可以写上一段简短的注释（如不会写字，可以请大人帮忙）：模特面容的哪一点打动了你们？哪些表情吸引了你们的注意？最特别的点是哪里？在画画时有什么感受？会给这幅画起一个什么名字？

当大家完成作品后，将画像交给模特。然后让他描述一下自己看到不同画像时的心情，指出自己最认可的几幅画，并说说每幅画中哪些最能打动自己。

猜猜形容词

时间：15 分钟。

类型：竞赛游戏，交流游戏。

受益指标：安全感。

参与人数：2 人及以上。

建议年龄：4 岁及以上。

所需物品：

- 形容词列表（见下文）；
- 纸和笔。

游戏目标：从家人的角度看待自己，从而更加了解自己。本次游戏非常简单，可以比较一下你们对自己的看法和别人对你们的看法。

阅读下面列表中列出的所有形容词，并联想你们的身体怎么样（包括体态与体质）。

形容词列表

敏捷迅速	精力充沛	笨手笨脚	强壮有力
体态肥胖	体重超常	蓬头垢面	身材高大

皮肤黝黑	身体脆弱	灵活轻快	慢手慢脚
体型不匀	十分迷人	身材健硕	体态优美
健康无恙	多姿多彩	身体虚弱	举止优雅
肌肉发达	丑陋不堪	体态圆润	很有特点
体态纤细	行动不便	身材火辣	体弱多病

每人写下3个自己觉得最贴切的形容词，然后轮流让家人说出，在他们看来，与你外貌有关的形容词是哪3个，他们每答对一个记一分。谁的得分最多，谁就是赢家。别人的得分越高，就说明你对自己的印象和你在家人眼中的形象就越接近。

可能会有人因别人选择的形容词而感到失落，比如，别人可能会说你们体态肥胖、体重超常。但你们恰好能借此机会，和这样评价你的家人谈谈你的感受，说说为什么他们要这样伤害你。或许这也是一个与一部分家人处好关系的新契机。

家庭奥运会

时间：每个项目15分钟。

类型：竞赛游戏，合作游戏。

受益指标：自我效能。

参与人数：2人及以上。

建议年龄：4岁及以上。

游戏目标：鼓励每位成员在挑战中检验自己，让身体接受

考验。

补充说明：本次游戏，也可以在家里有亲戚或朋友时进行，或许还可以组织不同家庭，一起举办趣味挑战。

我们在此建议，用下面列出的游戏项目举办一场真正的家庭奥运会。这些项目都是原创的，能让你们用上各种能力（如合作、运动、平衡等），并且适合所有家庭成员，所以，没人能够退缩。你们可以自己一队，或与别人组成一队。如果你们不想大动干戈组织家庭奥运会，那可以每次选择不同的游戏，一起与家人度过休闲的时光。

竞技项目

弹球入杯

所需物品：

- 10 个塑料杯；
- 1 支油性笔；
- 3 颗乒乓球；
- 一些水（倒进塑料杯里，以免它们漏出来）；
- 1 张桌子；
- 1 支粉笔或一些粉笔头，在地上标记发球点。

补充说明：这是一款非常有意思的游戏，无论大人还是小孩都可以玩。所需的运气和技巧对等，在室外或室内都能玩。

如下，先给杯子编号。

- 在 1 个杯子上写上"4"；
- 在 2 个杯子上写上"3"；
- 在 3 个杯子上写上"2"；
- 在 4 个杯子上写上"1"。

把杯子在桌上摆成一个三角形，4 个数字为"1"的杯子摆在最下面，上面摆上 3 个数字为"2"的杯子，接着是 2 个数字为"3"的杯子，最后，在顶端放上数字为"4"的杯子。如果你的乒乓球掉进了杯子中，那你就能获得相应的分数。

每人正对三角形底边，站在桌前，在地板上标上发球点（孩子和大人的距离可以不同）。游戏要求将乒乓球投入杯中，获取最高的分数。每人轮流扔球，只能扔 3 次，然后将命中的杯子上，其标记的数字相加，得到每个人的总分（不论球是在桌子上弹了一下，跳进杯子，还是直接扔进杯子，结果又跳了出来，都可以计分）。

当大家都投完乒乓球后，你们就可以结束游戏，看谁是赢家，或者再来几轮，重新开始。

抓住棍棒

所需物品：一条长约 50 厘米的棍棒或扫帚的柄部。

补充说明：游戏难度较高，且需要大量的练习，尤其要反应迅速。不适合年龄过低的儿童。

一人手持棍子，两手横握在身前，高度与腰部持平。挑战者站在前面，双手在棍子上面张开，手掌完全张开，手指完全分开（大拇指也是）。持棍人可以随时放手，而挑战者则须尝试飞快地抓住棍子，争取在落地前抓住。一轮结束后，两位选手交换身份，让对方也尝试一下。

能成功抓住棍子的，都是本游戏的赢家。如果进行几轮，那就成功次数最多的人获胜。

有个能提高游戏难度的方法，那就是再添一项规则——游戏时，挑战者不能将视线放在棍子上，而是必须盯着持棍人的眼睛。

速度与耐力的考验

举办一次挑战赛，以考验选手的速度和耐力，可以根据参与者的特点选择比赛方式。

● 你们是慢跑爱好者吗？那就选择一条离家近的跑道，像电视上看到的那样，举办一场跑步比赛，可以根据年龄高低，设置不同的起点。

● 你们的孩子还很小吗？那就组织一场家庭爬行比赛：这种独特的方式，可以让你们同台竞技。

● 你是否不习惯任何运动活动？选择一个宜人的地方，制定出一条跑步的路线。在到达时放置一些柔软的垫子，坐在上面放松一下，每个人都会有更多的欲望达到目标。

运气球

所需物品：

- 每人 1 块塑料苍蝇拍（也可以用纸板做的拍子）；
- 两种颜色不同的气球，每种颜色各 20 个；
- 2 个足够大的容器（如洗衣篮或装玩具的篮子）。

补充说明： 本游戏最好在室内进行。

选择一个空房间或家具少的房间进行游戏。给气球充好气后，按颜色分装在 2 个篮子中。参赛人分为 2 组，如果只有 2 人就正好，如果多于 2 人，尽量保持两队实力均等。每队选择自己气球的颜色，开始前将对方队伍的篮子清空，把气球都放到地上。游戏开始后，各队必须用手中的拍子，把属于本队的气球运回自己的篮中。游戏过程中，严禁用手触摸气球，如用手将气球放到篮中，则必须将其放回地上。游戏过程中，你们也可以阻挠对手，但只能用拍子推开对手的气球。最先收集完本队气球的队伍获胜。

对准目标

所需物品：

- 纸板；
- 记号笔；
- 一盒水彩笔；
- 眼罩。

补充说明： 本游戏可以在室外玩，也能在室内玩。在室内时可能会把墙弄脏，所以要及时制止走偏的参赛者。

在纸板上画 5 个同心圆，当作靶子，在每个圆上标出相对的分数，最里面的圆标上 100 分，外侧的圆分别是 80 分、60 分、40 分、20 分。将做好的靶子贴在墙上，并在几米外设定一个出发点，每位选手必须从这个点出发。首先，每位选手从水彩笔中选择一种颜色，然后依次将手指涂上选择的颜色，蒙上眼睛，向靶子走去，用上色的手指，在尽量靠近靶心的位置，涂上一个点。

你们可以多次挑战这个游戏。在出发前，还能让参赛者原地转几圈，让他找不到方向，以增加难度。每一轮，都要计算每个人获得的分数，累计得分最多的人获胜。

合作与探索项目

人体雕塑

只用家人的身体（让最小的孩子参与也尤为重要），依照下面列出的主题，塑造一个或多个雕塑。

- 飞机；
- 房子；
- 钟表；
- 电视；
- 汽车；
- 桌子；

- 沙发。

除了以上几项，你们还能选择其他主题。在雕塑创作中，需要大家通力合作。

如果你们将相机设置在自拍模式，那就能将你们的"艺术品"永远地记录下来，作为一段美好的家庭回忆。

摸脸识人

2人一组（如人数为单，则相互交换进行），一方闭上眼睛，用指尖轻轻触摸对方的脸，时长2分钟。触摸后，睁开眼睛，互相谈谈在摸对方面部和自己的脸被人摸时，有什么感受：让你们印象最深的是什么？你们最关心的细节是哪些？是否注意到家人脸上有什么以前没有注意到的东西？你们发现了什么特点？自己的脸被人摸，你们是喜欢还是介意呢？

如果家里有2人以上，可以在下一轮交换搭档，重新组队。

或许你们总是匆匆忙忙，在家中并没有互相拥抱的习惯，那这个游戏就会对你们特别有用。这也是一次机会，能让你们感到快乐。也能用同样的方法，触摸对方的双手。

"人体手推车"

创造一个人人都能参与进来的"人体手推车"。首先，要确定一人，扮演手推车。被选中的人要四肢着地，趴在地上，其他人则抬起他的双腿。扮演手推车的人保持这个姿势，用手臂

前进，其他人也必须跟着"手推车"走到终点。

如果家里的人很多，可以选出两辆"手推车"，或者说如果你们更爱挑战，也可以改变游戏方式。两个人（最好是两个成年人），站直身体，互相牵着手，当作一个座位，让孩子坐在上面（如果有多个小孩，就轮流坐）。

设定好路线，大家一起尝试抵达终点，每当孩子掉下来，或"手推车"坏掉时，必须从头开始。

这款游戏只适合体型健硕和没有腰酸背痛或其他身体疾病的人。

家庭相册

时间：60 分钟。

类型：交流游戏。

受益指标：了解自我。

参与人数：2 人及以上。

建议年龄：4 岁及以上。

所需物品：

- 家庭照片；
- 剪刀；
- 胶水；
- 纸板。

游戏目标：相互帮助，让对方发现自己身体上的优点。

补充说明：本游戏尤其适合晚上进行，但我们建议在睡前寻找照片，然后次日下午再开始创作相册（最好不要在床上制作，胶水和剪刀可能会对床单产生意料之外的损害）。

翻阅这些年来的家庭相片（打印出来或数字照片都行），试着全都再看一遍。其中有些照片上，有家人形体美的细节，抑或是他们身上能打动你们的地方，所以，你们更要特别留意。互相帮助，找出各自的最佳照片，这可能就要翻看好几次，并且可能还要相隔几天。但同时，你们也可以拍摄新的照片，特别是家中某一人的照片拍得很少时。游戏的目标是为每位家人找到至少 2~3 张能凸显出其外貌的照片。相互帮助，让对方发现自己的优点，发现能充分代表自身性格，以及自身品质的表情与姿势。

备好照片后，你们就可以制作一张家庭海报。让每个人将自己的照片，粘贴在纸板上，再让其他人把照片上的"美丽细节"标出来。将最终完成的海报贴在家里最明显的地方，让所有人都可以欣赏到对方的风采。

花草地（个人放松）

时间：15 分钟。

类型：交流游戏。

受益指标：了解自我，归属感。

参与人数：2 人及以上。

建议年龄：4 岁及以上。

所需物品：

- 每个人一根吸管；
- 每个人一个亲水棉球；
- 速干胶水。

游戏目标：让大家关注自己身体的不同部位。

补充说明：下面为你们准备了一项非常有益且十分有趣的游戏，对大人和小孩起到完美的助眠作用（引领大家放松的任务，可以大人轮流来做）。

首先，为大家准备"鲜花"。在每根吸管的一端，粘贴上一个棉球，如果可以的话，还可以喷一点花味香精。

其次，找一个舒适的地方躺下，不能与其他人挨在一起。这时，要一位家庭成员做出牺牲，带领其他人放松（但让他放心，待会儿就轮到你们回报他了），并慢慢读出下面的故事，每次碰到省略号，记得停顿几秒。

想象自己躺在草地上，草地上有刚割下的青草……你感受到了温暖而又湿润的地面……深呼吸，试着放松全身……暂时抛开今天所有的琐事，专注于你的呼吸……慢慢地，把你的意识从所有的杂念中解放出来，试着感受你的呼吸……吸气……

呼气……吸气……呼气。你感觉身体慢慢下沉，越来越放松……把脚也放松……感觉双脚在下沉，越来越放松……舒展你的手指与双脚……感受空气从脚趾间穿过……双腿也开始下沉……小腿柔软……臀部柔软下沉……腹部放松……全身都不要紧绷……肩膀放松……想象肌肉放松，躺在草地上的感觉……你的头部也陷入柔软的草地中……想象身体完全放松……舒服地躺着，让身边的一簇簇青草抚摩……用右手摘一朵花（那一朵最初准备的"花"），把它放在鼻子边，闻闻它的香味……这朵花十分柔软……把它放在脸颊上……（停顿5秒）用花抚摩眼睛下面的颧骨……再慢慢地把花放在另一边脸颊上……（停顿5秒）……现在，用花儿抚摩你的额头……感受它的柔软……来回移动它……把它放在你的皮肤上，又拿起来……现在，用花儿向你的鼻子打个招呼……用花儿上下刮着你的鼻梁……接着又来到了眼睛旁……绕着眼睛转了好几圈……它在眼皮上停留……然后又转到另一只眼睛，重复了同样的动作……花儿现在慢慢地触到你的嘴唇……它轻轻地抚摩着你的嘴唇……好像被微风吹动，在你脸上移动……它微微地转着圈……接着圆圈越来越大……然后便飞走了……你又感受到了自己的呼吸，深深地吸了一口气，十分放松……多享受几刻这草地的柔软吧，是它接纳了你……慢慢地，你离开了这个美丽的地方……你现在回到了这里……当你觉得准备好了……那就慢慢地……按照各自的感受……睁开眼睛吧。

小组放松

时间：15 分钟。

类型：合作游戏。

受益指标：了解自我，归属感。

参与人数：2 人及以上。

建议年龄：4 岁及以上。

所需物品（可选）：

● 如果是冬天，取一些杏仁油，将其装进小瓶子中，泡在锅中的沸水里，水浴加热（可以帮助孩子完成或直接由你们完成）；

● 液态身体乳；

● 一条大毛巾或瑜伽垫。

游戏目标：帮助大人和小孩重视自己的身体，将身体健康视为幸福快乐的重要因素。

补充说明：有益入眠。

2 人一组（如果是家中人数为单数，则交替进行）。将毛巾铺在床上，或在地上铺上垫子，每个人轮流为家人按摩背部或腿部。

如果家里有年龄较小的孩子，或者你们单纯只是想通过讲故事，丰富按摩阶段，我们建议，可以用下面两个故事，让你在别人的背后，即兴做出一系列按摩动作。按完后，便交换角色。

面包和面包师

为家人按摩的人，幻想自己是面包师，在面包（对方的背）上移动手指，口述做面包的步骤，并用手模仿做面包时的动作。例如，在按摩时，"面包师"可以说：

先把面粉倒在菜板上（背部）……把所有的面粉……弄成一座金字塔……加入盐……酵母……水……水流到了菜板上（在背面倒上几滴油或涂上身体乳，以模拟水的效果）……它流得到处都是……现在用手将面粉与水混合……搓成面团……先是很多小小的面疙瘩……然后慢慢都变大……最后混成了一块大大的面团……接下来把面团揉久一点……反复挤压糅合……等待面团发酵……必须把面团放在温暖的地方……做出许多小面团……让它们再次发酵……在所有面团上划一道小口子……然后把面团放进烤箱（可以在背面吹气，模拟加热的效果）……面包做好啦，现在就可以吃了。

农民和土壤

描述播种时的样子。

将土壤（背面）犁开……把土块打碎翻开……用耙子把土壤整平……然后在地上画线待会儿播种……按照线条挖沟……播

种……用土壤覆盖种子……给土壤浇水……浇很多次水……田地中冒出新芽……幼苗慢慢生长……现在要把杂草拔掉……把土壤拢在幼苗周围……当它们成熟时，我们终于收获了我们的成果……田地也准备好了，迎接新一轮的周期。

电影推荐

《陪着你走》(*Basta guardare il cielo*)

导演：彼得·切尔森

上映时间：1998 年

制片国家/地区：美国

片长：100 分钟

类型：剧情

我们的评价：老少咸宜。

适龄范围：12 岁及以上。

电影关键词：残疾，友谊，霸凌。

电影相关：电影主人公的历险改编自亚瑟王与圆桌骑士的故事。

剧情简介：凯文是个聪明且充满好奇心的小男孩，但他患有肢体障碍性疾病，因此行走时需要靠着拐杖，十分辛苦。凯文与妈妈住在一起，妈妈想保护凯文，避免他遇到任何可能的危险，保护他那本就虚弱的身体。麦克斯是个 13 岁的男孩，他虽然块头大，但却有学习障碍，因此经常被大家嘲笑。这两人之间的友谊，将慢慢改变他们的生活。麦克斯让凯文坐在自己肩上，凯文聪明的大脑再加上麦克斯健壮的四肢，两人合二为一，共同对付那些总会攻击嘲笑他们的同学。不仅如此，麦克斯还要面对将妻子的死怪罪在他头上的暴躁父亲，而凯文也要面对自己的命运。

观看理由：这是一部极具戏剧性的电影，但也有欢快和具有启发性的片段。友谊是这部影片的主要元素，在这部影片里，就像"天空中的钩子"①，每个人都有追随的目标。凯文和麦克斯的生活截然不同，但两人都被孤立，不得不忍受孤独。两人的友谊也变成了他们可以信任他人、获得友情，以及可以向他人寻求帮助的契机，他们知道了被某人挂念的感觉。这些要素滋养了两个男孩的灵魂，他们第一次找到了真正的朋友，一个可以为了这份友谊倾尽所有的朋友。凯文的妈妈温柔而亲切，但因为儿子的病，她特别害怕让他独自成长，不敢让他真正地面对生活。而凯文，无论代价如何，都无法放弃能真正活一次的机会，他做好准备，想在这个世上证明自己，投入生活中去。更重要的是，这部电影讲述了两个完全不同的人，他们在生理上都有缺陷。这也印证了一个重要的真理："如果有这么一个人，他能接受并赞美我，那我会更好。"当麦克斯知道自己能帮到朋

---

① 出自意大利音乐家巴廖尼，意为人生追求的目标。——译者注

友时，他才理解了自己的力量有多么重要。他重新审视自己，发掘出自己那笨拙又不讨喜的身躯中隐藏的潜力，发现自己也有能力去保护别人。这部电影是关于友谊的赞歌，在发掘和接受自己的内在与外在上，一位朋友的影响是多么重要。

看完之后：将你们的身体比作某种动物或某样物品，并解释其原因。询问其他人选了什么。

《美女与野兽》(*La bella e la bestia*)

导演：比尔·康顿

上映时间：2017 年

制片国家 / 地区：美国

片长：129 分钟

类型：科幻

我们的评价：不容错过。

适龄范围：5 岁及以上。

电影关键词：爱情，归属，美丽。

电影相关：电影翻拍自迪士尼于 1991 年发布，也是世上第一部获得奥斯卡最佳影片提名的动画片。但不管是电影还是动画片，故事都改编自 1740 年在法国首次出版的童话。

剧情简介：贝儿和她生病的父亲住在村子里，村里的人都觉得贝儿是个很奇怪的女孩。在一次外出工作时，贝尔的父亲在充满野狼的森林里迷了路，他找到了一处看似无人居住的城堡，并在此过了一晚，还找了一些食物充饥。早晨，正当要离开时，他采了一朵花园里的玫瑰花，让城堡的主人——野兽非常愤怒，为了惩罚他，野兽把贝儿的父亲关了起来。多亏了父亲的马，贝儿也来到了城堡。为了救出父亲，贝儿想代替父亲被关起来。可就在这被迫相处的过程中，贝儿和野兽发现，他们俩其实比想象中更有共同点。

观看理由：这是一个非常浪漫的故事，而且牢牢地征服了女性观众，其强大的力量在于两名主角灵魂的相遇。两位主人公都特别喜欢阅读，因在别人眼中很奇怪而被他们孤立——贝儿没有朋友，因为大家都觉得她很危险，总不知道她在想什么；而野兽则被当作怪物，只会伤害别人。随后在城堡中，贝儿受到了"魔法物品"的照顾，缓解了自己感到的孤独，她的心也变得更加坚强。不管是最初的友情，还是后来的爱情，都让两位主人公埋藏在心中的感情表露了出来，让他们原本的样貌都变得不再平凡。看了这部电影，大家一定会喜欢上贝儿，并被她征服，同时，通过野兽给予的信任，贝儿还发现了自己的内在美。野兽也敞开了本已麻木的心，向贝儿倾诉衷肠。在充满魔法的壮观情景下，奇迹发生，展现了超越外在美的力量。

看完之后：试着从体貌、外在两方面说说，在别人看来，自己哪里吸引人。

《叽哩咕与女巫》(*Kirikù e la strega Karabà*)

导演：米歇尔·欧斯洛

上映时间：1998 年

制片国家 / 地区：法国，比利时，卢森堡

片长：75 分钟

类型：动画

我们的评价：意料之外。

适龄范围：5 岁及以上。

电影关键词：勇气，融入集体，友谊。

电影相关：电影的导演也是该系列畅销书的作者，书中均以叽哩咕为主角。这个系列中，导演一共拍了 2 部电影，都使用了类似中国皮影的技术（展现出来的画面，都是在画好的背景中，通过移动角色纸片实现的）。

剧情简介：叽哩咕是个小孩子，但他拥有特殊能力。尽管别人对他有些偏见，但他还是想尽办法帮助村子解决面对的难题。最难对付的就是女巫卡拉巴，她一心想除掉村子里的人。叽哩咕踏上旅途，出门历险，想要揭露女巫如此冷血的秘密。

观影理由：从一开始，叽哩咕就问了自己一个非常重要的问题："为什么女巫这么坏？"这部动画电影精彩无比，它所强调的问题，既适合孩子，也适合大人。叽哩咕与部落中的其他人都不太一样。他实在太小了，因此看起来根本不能为村子贡献自己的力量。他不穿衣服，全身赤裸，只有头顶上有一小撮头发，而且还没有护身符。其他人身上都戴满了小挂件和护身符，用来驱赶邪恶的鬼魂。叽哩咕比任何人都跑得快，他很聪明，而且充满了好奇心。尽管许多人都觉得他很不中用，但他依然坚信自己的价值，他好奇，他仔细观察，以纠正不对的事，总想着深入了解每一个问题。真正的力量表现在肯定自身已有价值，以及对其感到自信、自然的能力上，叽哩咕本身就是最好的例子。叽哩咕的爷爷对他说："你现在还小，可以去到那些别人都去不了的地方。为此而感到高兴吧。以后，当你长大时，也不要忘了，为自己成为大人也感到高兴。"这段鼓舞人心的话告诉我们，要欣赏成长的每个阶段，因为每个时刻都代表着珍贵的财富。孩子年纪小，身体还在发育，心智尚未成熟，但幼年并不只是禁止做这做那的时期，它也是感受温柔、培养想象、尽情休憩、开心玩耍，以及按照他们自己而非大人施加的想法，怀揣着创造力，从最基本开始探索的时期。这部电影表现出，在每个人心中都有最单纯的智慧，而在孩子身上，它能更好地表现出所有的纯洁。

看完之后：讲讲靠着自己的力量办成的那件让你们觉得特别重要或特别酷的事。

结　语

这一路走来，希望对你们而言，这段旅程能对你们有所启发，找到能让家庭幸福的新起点。

努力提高家庭自尊等级，意味着正视真正有意义的东西。本书中很多引人深思的方面，都是我们日复一日，在制定教育方针时所围绕的焦点问题。

本书包含很多信息，你们也应该有所察觉，这并不只是为了丰富你们的知识。事实上，书中很多的游戏互动，都是为了教你们"会做"父母、"会当"父母，让你们知道，会做父母、当父母，不仅是"为了"孩子，更重要的是与孩子一同成长。没有建设性的亲子关系，就不会有高效的教育方式。而且亲子关系的建设并没有时间限制，在父母与孩子同处一个屋檐下，与其共同生活的时间内，都能发生变化。

本书基于的理论假设，不只适用于孩子成长期的某一个阶段。身为帮助孩子成长的家长，不管孩子是处于幼年时期还是处于青年时期，关注他们身材的自尊等级都同样重要。当然，孩子在青春期时，在看待自身价值的层面上，会特别心急，也会感到特别紧张。

　　关于本书所介绍的方法，我们想强调的是生活的仪式感、一起生活时的日常，以及日常习惯中的各个方面，这三点的重要性，要以轻松的方式持续下去。在生活中做到这三点，都是建立家庭认同感，有利于家庭关系的基石。绝不能认为它们啰唆又枯燥，而是要将这样的方式，以及日常的家庭关系，融入人生的各个阶段。我们共享餐食的方式，早上的问候习惯，睡觉前彼此的眼神与话语，都决定着我们是哪种人，如何看待身边的他人。作为成年人，我们有必须承担的责任，那就是作为父母，我们是指引家庭的人，全家如同一支小型的管弦乐队，我们就是指挥家。令人惊讶的是，我们会发现，孩子会重塑我们计划好的"乐谱"，并编写出自己的"节奏"，营造自己的"氛围"。

　　如果我们从小就教孩子，全家人高高兴兴地坐在一起吃饭非常重要，那可能在青春期时，他们就能提前感受到我们说的这份快乐。当然，家里的沟通方式和交流的语气会慢慢发生变化，但为了家人，与他们待在一起的愉悦却不会改变。

　　此外，本书也非常强调亲子游戏，即共同完成有趣活动的重要性。在有趣的互动中，陪伴的乐趣包含了同他人的愉快经历，在游戏中，我们关心的不是结果，而是我们一同经历后的回味。亲子游戏充满愉悦和乐趣，让与你一起玩的人懂得陪伴，以及同别人做某件事的乐趣。与孩子一同玩耍，就是向他们证明的最佳方式，让他们知道，人际关系其实就是幸福的源泉。如果我和你一起玩，是因为我喜欢待在你身边，与你一起笑，

一起玩耍。如果我和你一起玩，是因为这样能让我快乐，能为我的每一天，我的生活带来快乐。

积极参与游戏，能时刻陪伴孩子，这样的父母当然最好，但更要时刻享受与孩子建立的良好亲子关系（恰如在亲子互动时一样），并提高家庭自尊等级。我们应时常提醒自己，我们是21世纪的父母，在多数情况下，我们会因想当孩子的完美父母而感到焦虑，让自己变得忧心忡忡，而丝毫不想成为能够享受与孩子待在一起的父母。

正如本书多次提及的，想获得良好的自尊等级，并不意味着要追求完美。恰好相反，它意味着要学会在制订人生计划，以及确立人生目标时，也能接受自己的长处与短处。当父母意识到自己不可能"十全十美"时，才会正确地认识到自己，才能学会欣然接受自身的错误。同理，当父母知道孩子不可能总是"无可挑剔"，不会在每个领域都有超常表现时，应当给予孩子（也是给予身为养育者本身）犯错并从中吸取教训的权利时，才能培养出充分认识自己、拥有良好自尊等级的孩子。

这也许是现在最富挑战的事。我们为人父母，总想给孩子最好的。与上一辈相反，我们会经常看书，寻找可靠的信息来源，千方百计想改进自己的教育方式。如果你们读完了这本书，那说明你们想做孩子的好家长，想为他们提供所需的一切，让他们能快乐地茁壮成长。

可以说我们想表达的，就是对"不完美"的赞歌。真正能认识自己，具有良好自尊模型的人，最能意识到自己的缺陷、意识到某些方面的不足、意识到自己在某方面的脆弱，而且已经学会了与之相处。他们不会因犯错而困扰，也不会执拗地抵触自己的错误，将犯的错从生活中抹去。他们会从改善自己的角度，为了追求真正可能得到的幸福，而接受真实的自己，这也是真正让自己过上满意人生的先决条件。

这也是我们自身想要在生活中做到的事。

以上就是我们在最后想对你们说的话。这本书也是一段寻找幸福的旅程，我们都很向往。我们追求的幸福，并非十全十美，而是建立在缺陷之上。正如伟大的唐纳德·温尼科特所说："有缺陷，才能让我们当好称职的父母。"

致　谢

就像以往那样，在本书的末尾，我们想对很多人表达感谢之情。

首先，我们要感谢安纳奇亚拉·塔桑，感谢他一直信任我们，并竭尽全力将优秀的想法融进书中。

其次，我们要感谢我们的官方编辑阿莱西亚·莫法，感谢她认真、持续不断以及耐心的付出。出于多种原因，我们知道这本书对她也十分重要，希望她身为新妈妈，也能在接下来的挑战中收获幸福。

也多亏 DeA Planeta Libri 团队的保拉·巴尔扎雷蒂、里卡多·巴巴加洛、玛丽亚·安东尼奥尼塔·贝纳斯修蒂、保拉·贝雷塔、拉斐尔·比安努奇、斯蒂法诺·波尔迪戈尼、丹尼尔·克拉德拉、朱利奥·加利、弗朗西斯卡·吉多和玛格特·玛西。目前为止，我们结识了许多出版行业的朋友，正是有他们的帮助，我们才得以一步步出版了这本书。对于一位作者而言，拥有一个专心致志、抱着像作者同等心情、同等对待每一本新书的团队是一个极大的荣幸。

同时，也特别感谢罗多维察·西玛，她是首位发现这本书出版潜力，并促成此书问世的人。这本书的出版不仅得益于她的直觉，也得益于她对高质量出版项目的认真关注。

在这里，我们要特别感谢"Cecchi Gori 家庭电影"的雅科波·斯格罗伊，他在为配套读者阅读的 CGHV 影片挑选方面，为我们提供了巨大帮助，因此，对我们来说，他的贡献也极其珍贵。

最后，我们要感谢我们的孩子，是你们让作为父母和大人的我们，每天都能成长，能在你们完全自主和自由飞翔前，仔细关注你们的需求，成为你们的观察员、教练和粉丝，是一件很美好的事情。很高兴能与你们一同成长。

如需了解更多作者的动态，详请咨询：

- 阿尔贝托·佩莱的 Facebook 页面
- 芭芭拉·坦博里尼的简介

或将电子邮件发送到以下地址之一：

alberto.pellai@unimi.it

barbaratamborini00@gmail.com